Bibliothek
des Freizeitmalers

Hajo Düchting

Bildkomposition

Otto Maier Ravensburg

Titel in der Bibliothek des Freizeitmalers:

Blake, Grundkurs Aquarellmalerei
Blake, Landschaften in Aquarell
Blake, Farbe in der Aquarellmalerei
Blake, Grundkurs Ölmalerei
Blake, Landschaften in Öl
Blake, Grundkurs Zeichnen
Blake, Landschaften zeichnen
Blake, Aktzeichnen mit Bleistift, Kreide und Kohle
Blake, Porträtzeichnen mit Bleistift, Kreide und Kohle
Baessler, Grundkurs Federzeichnen
Baessler, Landschaften mit der Feder zeichnen
Düchting, Abenteuer Farbe
Düchting, Bildkomposition
Gröger, Stimmungen in Aquarell
Kaiser, Blumen aquarellieren
Körner, Bäume und Sträucher in Aquarell und Tempera
Meilhamer, Grundkurs Farbiges Zeichnen
Meilhamer, Grundkurs Tiere zeichnen
Rotgans, Räumliches Zeichnen
Rubins, Anatomie für Künstler
Salzmann, Grundkurs Pastellmalerei
Salzmann, Landschaften in Pastell

für Tobias und Julia

CIP-Titelaufnahme der Deutschen Bibliothek

Düchting, Hajo:
Bildkomposition / Hajo Düchting. - Orig.-Ausg. -
Ravensburg: Maier, 1990
(Bibliothek des Freizeitmalers)
ISBN 3-473-48248-X

Originalausgabe

Umschlaggestaltung: Ekkehard Drechsel
Gesamtherstellung: Himmer, Augsburg
Printed in Germany

92 91 90 3 2 1

ISBN 3-473-48248-X

Inhalt

Die künstlerische Komposition

Wenn Sie einen Blumenstrauß arrangieren - hier und da einige Stiele kürzen oder lange Gräser hinzufügen, bis Ihnen das Resultat gefällt -, Ihren Garten anlegen oder ein Zimmer einrichten, beschäftigen Sie sich im Grunde genommen mit Komposition.
Komposition ist ganz allgemein das Zusammenfassen einzelner Teile zu einem einheitichen Ganzen. Der Begriff ist von dem lateinischen Wort „componere", d. h. zusammenstellen, -legen abgeleitet. Beim Zeichnen und Malen versteht man darunter das Ordnen der Motive auf dem Papier oder der Leinwand, so daß ein harmonisches Zusammenspiel zwischen Linie, Form, Ton, Farbe, Perspektive und Bewegung entsteht.
Ohne eine solche vom Künstler vorzunehmende Gliederung und Organisation seiner Gestaltungsmittel würde kein Kunstwerk, überhaupt keine nachzuvollziehende bewußte Gestaltung zustande kommen. Wir würden lediglich ein Chaos von Farben, Formen und Linien erleben.
Vielleicht wenden Sie jetzt ein, daß vieles in der heutigen Kunst auf Sie wirr und chaotisch wirkt. Doch selbst in der „wildesten" Malerei lassen sich noch elementare Kompositionsmittel erkennen, ohne die kein Bild überhaupt wirken könnte.
Die Mittel der Komposition werden ganz unterschiedlich eingesetzt: So kann man beispielsweise Teile einer Zeichnung verstärken oder abschwächen, bestimmte Gegenstände hinzufügen oder weglassen.
Durch die Komposition kann der Blick des Betrachters auf eine oder mehrere Stellen im Bild gelenkt werden. Die Aufmerksamkeit des Betrachters kann an einem Punkt der Bildfläche festgehalten oder auch nach außen geleitet werden. Vorschriften für eine gute Komposition gibt es nicht, nur das Gefühl für Komposition läßt sich entwickeln.
Wenn Sie den „Grundkurs Komposition" durcharbeiten, werden Sie Ihr Sehen für solche Dinge unbedingt schulen. Sie werden immer leichter und schneller erkennen, wie und warum Kunstwerke wirken, ob eine Bildkomposition gut oder schlecht ist, wann sich alle Einzelelemente zu einem übersichtlichen Ganzen zusammenschließen.
Wie läßt sich nun „Komposition" erlernen? Es wird immer wieder begabte Autodidakten geben, die sich vor eine leere Leinwand, ein leeres Blatt setzen und einfach „loslegen" und auch etwas zustande bringen. Doch das ist sicher die Ausnahme.
Viele Regeln und Schemata wurden im Laufe der Jahrhunderte aufgestellt und wieder aufgegeben. Der Grund dafür liegt darin, daß die Komposition die Kunst ausmacht und nicht als starres Regelwerk aufzufassen ist. Regeln sagen nichts aus über das Besondere, das Unwiederholbare in einer Komposition. Mit den wichtigsten

nach E. Loran, Cézannes Composition, Los Angeles/London, 1963[3].

Regeln der Komposition möchte ich Sie in diesem Buch bekannt machen.
Bei der Komposition geht es um ordnendes Zusammenstellen, um die Suche nach Einheit und Zusammenhang. Ein Zuviel an Ordnung erzeugt jedoch Langeweile. Eine Komposition muß also so vielschichtig und spannungsreich angeordnet sein, daß sie den Betrachter beschäftigt.
Die wichtigsten Begriffe der Komposition sind die Gegensatzpaare: statisch - dynamisch; Gleichgewicht - Spannung; Einheit - Vielschichtigkeit.
Ein geflügeltes Wort sagt: Kunst kommt von Kunst, was heißen soll, daß über das Studium von Kunstwerken erst erlernt wird, Kunst zu verstehen. Deshalb zeigt dieser „Grundkurs Komposition" viele Beispiele aus der alten und neuen Kunst, von der Renaissance bis zur modernen Malerei unserer Tage. Diese Vor-Bilder wollen bei der Erläuterung wichtiger Regeln und Gesetze der Komposition behilflich sein; sie sollen Lehr-Meister im besten Sinne sein, nicht um einzuschüchtern, sondern um zu klären und Mut zu machen, das Gesehene in eigenen Übungen nachzuvollziehen.
Von ganz fundamentalen Einsichten wollen wir ausgehen, um dann Schritt für Schritt weiter in die eigentliche Problematik der Bildgestaltung einzudringen. Beim Durcharbeiten des Kurses werden Sie genauso auf Kriterien der Sinneswahrnehmung stoßen, wie auf virtuose Tricks der Tiefendarstellung. Sie werden Methoden der Bildaufteilung und der Betonung wichtiger Einzelheiten kennenlernen. Und sie werden zugleich eine Schule des Sehens nachvollziehen anhand einer Auswahl wichtiger und interessanter Bilder und Zeichnungen aus der gesamten Kunstgeschichte.
Schließlich werden die erlernten Regeln auch noch einmal an den wichtigsten Genrethemen, Landschaft, Stilleben und Figur, durchgespielt, um dann in die „Geheimnisse" abstrakter Malerei einzumünden.

Paul Cézanne (1839-1906)
Mühlenstein und Brunnen im Wald, 1885–87, Öl auf Leinwand, 81 x 65 cm, Barnes Foundation, Merion.

Die Gegenüberstellung des Fotomotivs mit dem dort gemalten Bild von Cézanne macht deutlich, was Komposition heißt. Auf den ersten Blick scheint es zwischen Motiv und Bild eine enge Übereinstimmung zu geben. Das wollte auch der Maler Erle Loran beweisen, der in den 30er Jahren viele Standorte von Cézannes Bildern in der Provence aufsuchte und dort Fotos machte, um sie mit den Werken Cézannes zu vergleichen. Doch was sich dabei herausstellte – und was uns nun beim zweiten und dritten Hinschauen auffällt –, war die Veränderung des Motivs in Cézannes eigener Bildsprache. In unserem Beispiel „Mühlenstein und Brunnen im Wald von Château Noir“ hat Cézanne die großen Bäume im Vordergrund schmäler, aber auch zahlreicher gemacht, um ein Vordergrundmotiv zu gewinnen, das nicht zu schwer und aufdringlich ist, aber trotzdem die vordere Bildebene betonen sollte. Brunnen und Mühlstein sind dagegen viel größer als in Wirklichkeit dargestellt, um den Blick gleich auf das Wesentliche des Bildes zu lenken. Äste und Zweige der umstehenden Bäume bilden ein genau überlegtes Geflecht, das sich wie eine „Harmonie parallel zur Natur“ über die Bildfläche zieht.

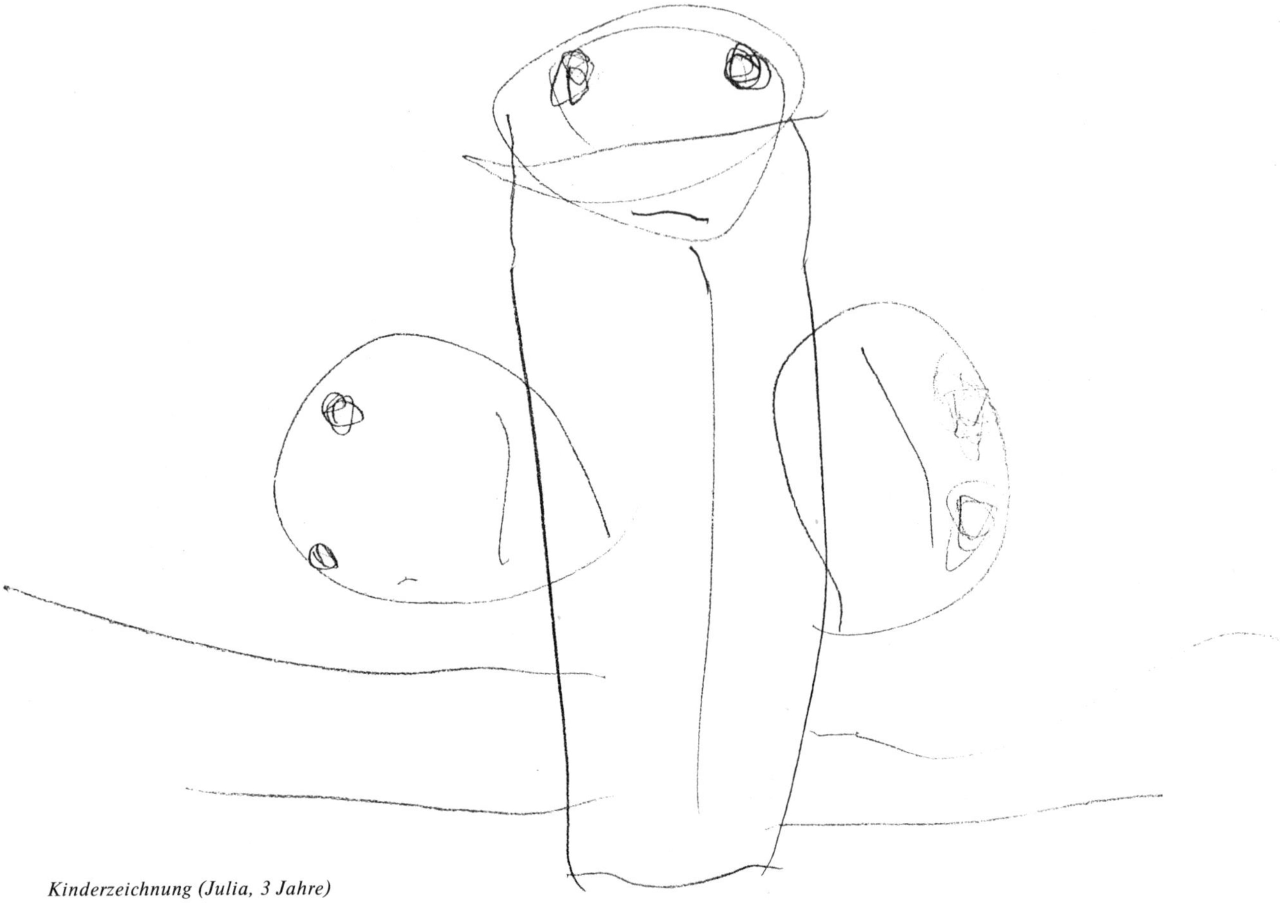

Kinderzeichnung (Julia, 3 Jahre)

Die Macht der Fläche

Seitdem der Mensch aufrecht geht und sich in dieser Welt zurechtfinden muß, orientiert er sich an vier Hauptrichtungen: oben und unten, rechts und links. Von der Schwerkraft gehalten, richten wir uns ganz „natürlich" nach unten auf die Erde, auf der wir stehen, aus. Alles, was darüber ist, bezeichen wir als „oben".
Die menschliche Wahrnehmung ist zur Orientierung auch auf ein Rechts und Links eingestellt. Damit werden zwei Grundeinstellungen bezeichnet, die sogar mit symbolischem Charakter belegt werden können (rechts = gut, richtig; links = böse, falsch).
Wir schreiben von links nach rechts, und wir betrachten eine solche Bewegung im Sehprozeß ebenfalls als „natürlich". Diese Grundbewegung hat in der Bildgestaltung eine große Bedeutung. Von links führt man oft ins Bild ein, während nach rechts die Komposition ausklingt. Bildelemente, die rechts im Bild stehen, erhalten gesteigerte Bedeutung; sie wirken als Dominante.
Die elementare Ausrichtung von oben und unten läßt sich in den Kritzeleien kleiner Kinder gut beobachten. Die Zeichnung der dreijährigen Julia (siehe oben) zeigt, wie spontan und ausgewogen Kinder die Fläche erobern. Später geht den meisten Menschen diese Spontaneität verloren.
Das, was viele von uns aber noch ganz unbewußt machen, sind Kritzeleien, wie sie oftmals beim Telefonieren entstehen. Ganz beiläufig können dabei erstaunliche „Bilder" herauskommen. Es scheint im menschlichen Organismus einen Antrieb zu geben, leere Flächen auszufüllen, „in Beschlag zu nehmen". Kinder entwickeln im Zusammenhang solch unbewußter Zeichensetzung ein feines Gespür für diese Art von Zeichensprache. Kritzelübungen sind für den Erwachsenen eine gute Lockerungsübung, sie können der Entspannung vor dem Einsatz größerer Bildmittel dienen.
Legen Sie sich eine Sammlung zufällig entstandener Kritzeleien an. Achten Sie dabei auf wiederkehrende Ausrichtungen während des Kritzelns.
Eine spätere Stufe wäre das Skizzieren. Aber auch hier wird zunächst oft die gesamte Zeichenfläche mit kleinen, flüchtigen Strichen und Einfällen überzogen, ohne eine erkennbare Ordnung zu zeigen, meist um Platz zu sparen und um den Strom der Ideen nicht unnötig zu beschränken. Erst danach wird man aus einem Skizzenblatt dieses oder jenes Detail herausnehmen und weitergestalten und die Einzelheiten über mehrere Studien hin bis zum fertigen Bild entwickeln.
Von einigen Künstlern werden diese Grundausrichtungen der menschlichen Wahrnehmung allerdings oft „auf den Kopf gestellt", wie unser Beispiel von Chagall (rechts) zeigt. Von solchen Bildkompositionen geht dann auch ein leichter Schwindel aus, ein Gefühl des Schwebens und Träumens, eine irreale Sphäre, von der Alltagswirklichkeit deutlich abgegrenzt.

Marc Chagall (1887–1985)
Ich und das Dorf, 1911, Öl auf Leinwand, 191 x 150,5 cm,
Museum of Modern Art, New York.

Paul Cézanne (1839–1906)
Die Kartenspieler, 1890–92, Öl auf Leinwand, 47,5 x 57 cm,
Musée d'Orsay, Paris.

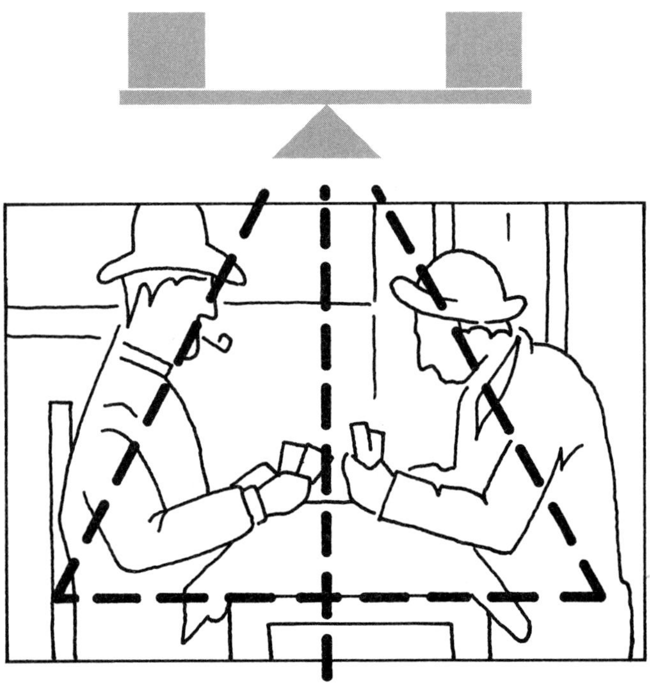

Zentrum und Mitte

Die Begriffe „Zentrum" und „Mitte" möchte ich Ihnen am Beispiel der Kompositionen von Paul Cézanne und Pieter Bruegel verdeutlichen.
Die Orientierung des menschlichen Wahrnehmungssystems zielt nämlich neben der Ausrichtung auf ein Oben und Unten, ein Rechts und Links ebenfalls auf eine Mitte. Diese Orientierung kann sich neben der Erfahrung der Schwerkraft und deren Folgerungen aus einer frühen menschlichen Erfahrung entwickelt haben, die dann im Laufe der Zeit verinnerlicht wurde. In den künstlerischen Prozessen kommen solche archaischen Grunderfahrungen wieder zum Vorschein.
Im Bildfeld sind Zentrum und Mitte allerdings nicht immer identisch. Die geometrische Mitte eines Bildes zu bestimmen, fällt nicht schwer, trägt aber selten zur Wirkung des Bildes bei. Ein Zentrum kann dagegen im Bild überall liegen, vorausgesetzt, dieses Zentrum ist ausreichend betont, um den Blick dorthin zu ziehen. Man kann aber auch um ein gedachtes Zentrum herum komponieren, um den Blick „gefangenzunehmen". Der Bildaufbau von Cézannes „Kartenspielern" ist ein Beispiel für die Betonung der Mittelachse des Bildes.

Pieter Bruegel, d. Ä. (1568–1625)
Das Schlaraffenland, 1567, Öl auf Eichenholz, 52 x 78 cm,
Alte Pinakothek, München.

Eine eindrucksvolle Komposition, die auf die Mitte zielt, ist auch das „Schlaraffenland" von Pieter Bruegel. Solche Bilder wirken besonders ausgewogen und harmonisch. Als Zeichen für eine solche Kompositionsweise sehen Sie eine ausbalancierte Balkenwaage.
Zusammenfassend kann man sagen, daß unser Wahrnehmungsmuster, wie auch unsere grundlegenden Bildordnungen, aus der Verbindung des orthogonalen mit dem konzentrischen System entsteht.

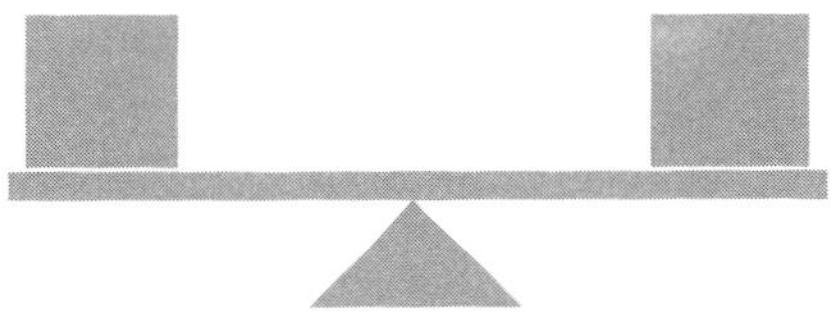

Auf den beiden nachfolgenden Seiten hat Ekkehard Drechsel einige elementare Übungen zusammengestellt, die Ihnen die unterschiedlichen Wirkungen verschiedener Bildaufteilungen verdeutlichen sollen:
Die Aussage eines Bildes ändert sich durch unterschiedliche Betonung der Bildeinteilung. Die Diagonale erzeugt eine gewisse Dynamik; durch Betonung der Mittelachsen wirkt ein Bild ruhiger. Bei den vier Landschaftsmotiven wirkt das linke statisch, die Abbildungen daneben bekommen durch das Herausheben der Raumdiagonalen Spannung. Bei der „Liegenden" ist die L-Form betont; daneben die Anwendung des Goldenen Schnitts und rechts davon einige Beispiele abstrakter Flächenaufteilung.

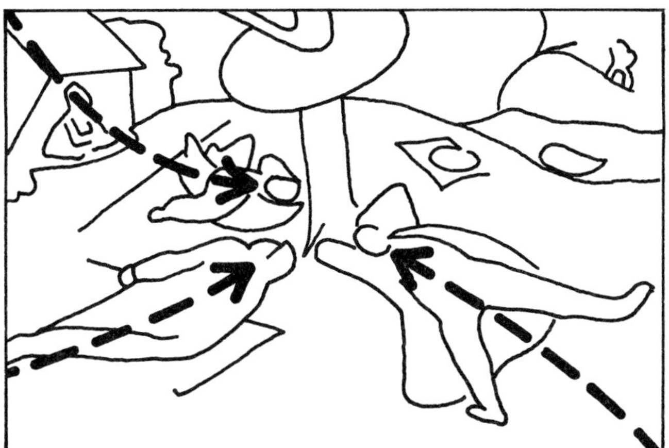

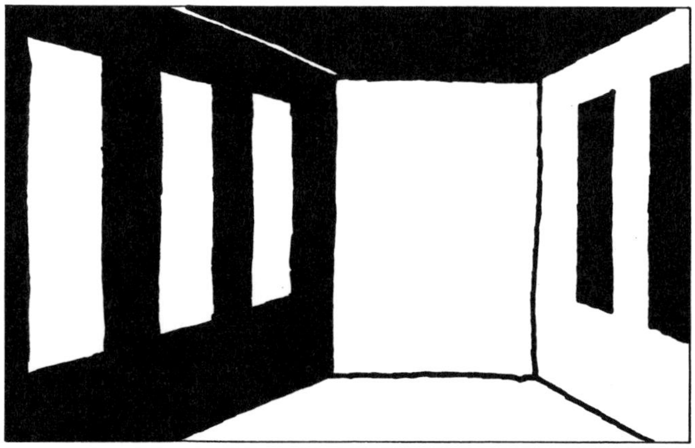

Die Aufteilung der Bildfläche

Nachdem wir nun die ersten grundlegenden Bildordnungen kennengelernt haben, sollten wir ein wenig damit umgehen lernen.
Bei der Aufteilung eines Bildes müssen Sie überlegen, wie Sie Ihren Gegenstand mit Hilfe der Bildelemente auf dem Papier plazieren, und ob die entstandene Wirkung Ihrem Gefühl und Ihrer Absicht entspricht. Es sind dafür viele Variationen und Kombinationen denkbar. Die Übungsbeispiele von Ekkehard Drechsel zeigen Ihnen einige grundlegende Flächenaufteilungen in Hell und Dunkel.
Für die Übungen nehmen Sie am besten einfaches Papier und einen weichen Bleistift oder Filzstift. Teilen Sie die Fläche auf dem Papier mit Hilfe von Linien und

Formen in helle und dunkle Zonen auf. Vergleichen Sie die unterschiedlichen Wirkungen z. B. von Nähe und Ferne. Denken Sie an verschiedene Gegenstände und plazieren Sie sie – ganz schematisch aufgebaut und nur in Hell-Dunkel-Verhältnissen – auf der Bildfläche. Gebrauchen Sie bei den Übungen das Blatt als Hoch- und auch als Querformat. Nach einiger Übung können Sie feststellen, daß mit einer bestimmten Einteilung des Papiers auch eine bestimmte Bildaussage erreicht wird. Denken Sie dabei an die zuvor besprochenen Begriffe: oben, unten, rechts, links und Mitte, denen eine besondere Bedeutung zukommt. „Oben" verbindet man in der Regel mit Licht und Luft, „unten" mit Dunkelheit und Schwere, während „Mitte" Gleichgewicht und Stabilität anzeigt.

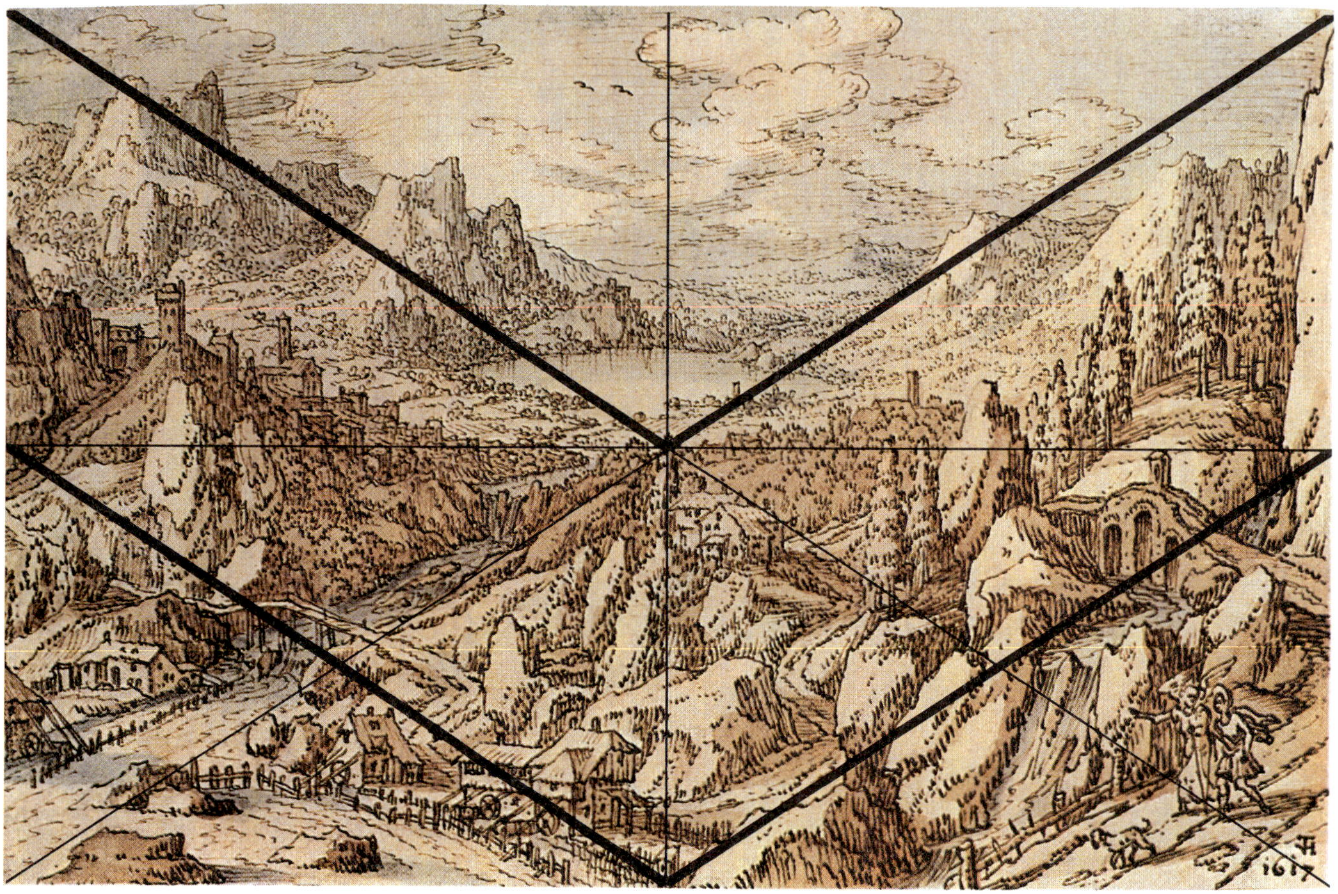

Tobias Verhaecht (1561–1631)
Landschaft mit Tobias und dem Engel, 1617, Feder und Tusche,
179 x 271 mm,
Ermitage, Leningrad

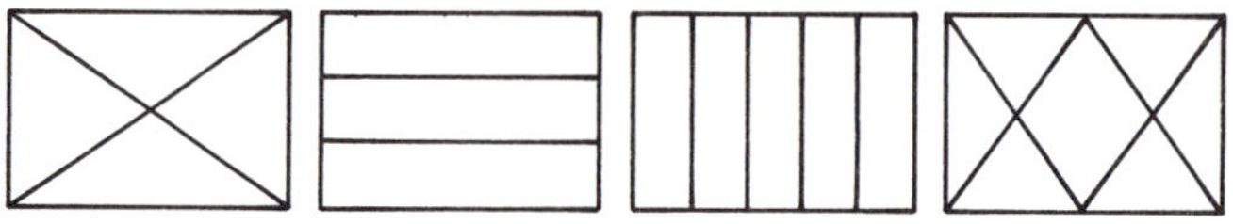

Mögliche Bildaufteilungen beim liegenden Rechteck.

Auf der Zeichnung von Tobias Verhaecht sehen Sie eine fast panoramaartige Ansicht einer weiten Gebirgslandschaft, die sich für den Blick langsam in die Tiefe staffelt. Wenn Sie aber nun ein Detail aus dieser Landschaft herausnehmen wollen, eine Baumgruppe, ein besonders charakteristisches Haus, die Figuren auf dem Weg, müssen Sie ein neues Format wählen, diesmal ein Hochformat. Nur im Hochformat können Sie einzelne Gegenstände aus der Ferne in die Nähe rücken. Sehen Sie sich dazu die Zeichnung von Ruth Baessler an. Das abgebildete Kompositionsschema zeigt die formalen Spannungen im Hochformat sowie die harmonikalen Gliederungspunkte. Zeichnen Sie in einem solchen Format ein interessantes Detail aus der Zeichnung von Verhaecht nach!

Auch das Format spricht mit

Häufig macht sich der Anfänger keine Gedanken um die Wahl des Formates. Wer allerdings schon einige Erfahrungen hat, weiß, daß er ein der Motivwahl entsprechendes Format aus einer Fülle von Möglichkeiten aussuchen muß. Es gibt im Grunde nur zwei „normale" Bildformate: das variable Rechteck und das nicht variable Quadrat.
Die Form des Quadrates (1 : 1) ist absolut gleichmäßig und erfordert deshalb eine strenge Raumaufteilung. Durch jede stärker ungleichmäßige Verteilung von Punkten, Linien und Flächen im Quadrat werden Gleichgewichtsverschiebungen erzeugt, die den Charakter des Quadrates mehr oder weniger stören. Suchen Sie einmal nach genau quadratischen Abbildungen aus dem Barock, der Romantik und aus der Modernen (beispielsweise bei Piet Mondrian) und analysieren die unterschiedlichen Kompositionschemata. Sie werden feststellen, daß sich nur wenige Motive wirklich für dieses Format eignen.
Das Rechteck ist mit seinen vielen Variationen der Seitenverhältnisse die universellste und dadurch gebräuchlichste Fläche der Bildgestaltung.
Das Kompositionsschema, das schon in der Gotik verwendet wurde, zeigt ein aufrecht stehendes Rechteck mit einer besonderen Betonung des Quadrates, des Dreiecks und der Diagonalen. Die Schemata beziehen sich auf optische Wirkung; die Linien müssen nicht immer voll sichtbar sein, denn das Auge ergänzt von sich aus fehlende Stücke zu einem Ganzen.

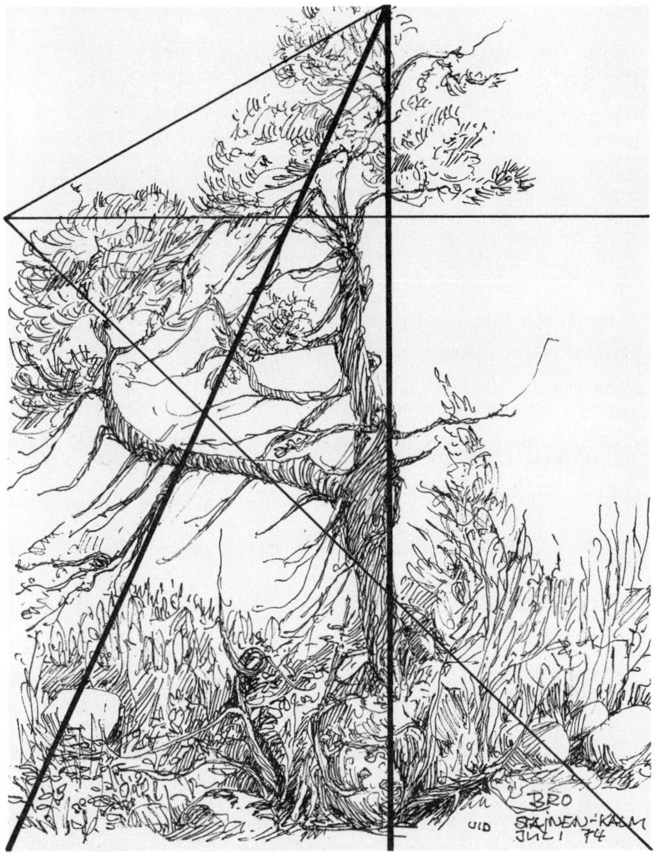

Ruth Baessler
Föhre über Kalkfelsen und verwildertes Unterholz, Federzeichnung, 1989, 220x280 mm.

Mögliche Bildaufteilungen beim hochstehenden Rechteck.

Paolo Veronese (1528–1588)
Die Untreue, um 1565, Öl auf Leinwand, 191x191 cm, National Gallery, London.
In diesem brillanten Beispiel für die Komposition eines quadratischen Formates gehen die vertikalen und horizontalen Linien durch den Bildmittelpunkt. Die Schnittpunkte ermitteln Sie nach dem angegebenen Kompositionsschema.

Mögliche Bildaufteilungen beim Quadrat.

Es gibt noch eine Reihe anderer Formate, die ich Ihnen kurz vorstellen möchte.
Seit dem Mittelalter kennt man die sogenannten „Tondos“, runde Bilder, in denen meist Heiligendarstellungen gezeigt wurden.
Neben der Kreisform sind noch das hochstehende und querstehende Oval - und der Fächer zu nennen. Eine Sonderform bildet auch das „Triptychon“, das sind dreiteilige Tafelbilder, die den meisten aus dem Zusammenhang der großen Bildererzählungen der biblischen Geschichte bekannt sein dürften.
Sonderformen bilden ebenfalls das Dreieck, das mit der Spitze einmal nach unten oder oben weisen kann, und die freie unregelmäßige Form, auch shaped canvas genannt, was so viel wie geformte Leinwand bedeutet. Beispiele geben Frank Stella und Kenneth Noland.

Sonderformate

Das Echo aus der Antike: Der Goldene Schnitt

In diesem Kapitel möchte ich Sie mit der Regel des Goldenen Schnitts bekannt machen und Ihnen zeigen, wie Sie damit umgehen können.
Der Goldene Schnitt gilt als Inbegriff der proportionalen Ordnung. Schon in der Antike verwendeten die Pythagoräer in Griechenland das Prinzip der stetigen Teilung als „göttliche" Maßeinheit, um dem Wesen der Natur nahe zu kommen. Die Regel des Goldenen Schnitts wurde in der Kunst vielfach angewendet. In der Architektur versuchten schon die griechischen und römischen Baumeister, möglichst harmonische Proportionen der einzelnen Bauglieder durch die Teilung im Goldenen Schnitt zu erhalten. In der Renaissance wendete man ihn zur Aufteilung und Gliederung von Flächen oder zur Bestimmung von Abständen an. Die Funktion eines allgemeingültigen Kunstgesetzes hatte er jedoch nie inne. Der Goldene Schnitt bedeutet die Teilung einer Strecke in zwei ungleiche Teile, von denen sich der kleinere zum größeren verhält, wie der größere zur Summe der Teile, also zum Ganzen.
Der Goldene Schnitt begegnet uns in zweifacher räumlicher Realisierung: einerseits eindimensional als Teilung einer gegebenen Strecke in zwei ungleiche Teile, andererseits zweidimensional als Rechteckfläche mit dem Seitenverhältnis des Goldenen Schnitts. Für die bildnerische Praxis brauchen Sie allerdings keine komplizierten Rechnungen anzustellen. Es genügt, wenn Sie sich folgendes einprägen:

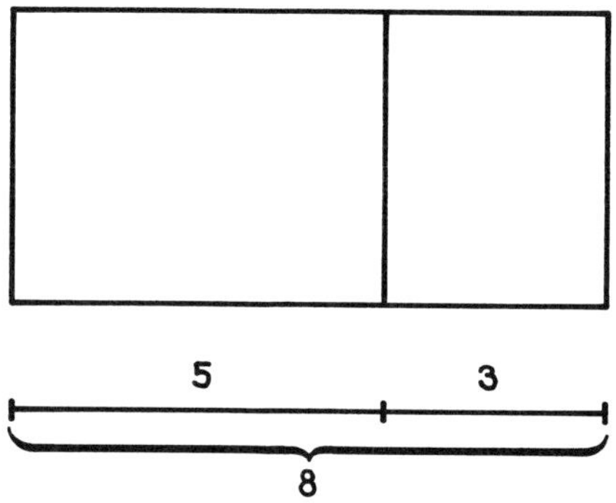

Der Goldene Schnitt bedeutet die geometrische Teilung einer Fläche in zwei ungleiche Größen. Dabei verhält sich der kleinere Teil zum größeren so wie dieser zum Ganzen. In Verhältniszahlen ergibt das die Werte: 3 : 5, 5 : 8, 8 : 13, 13 : 21 usw.

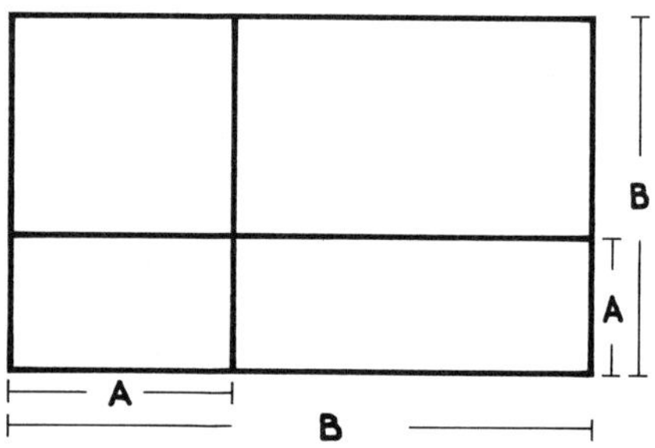

Ein wesentliches Merkmal des Goldenen Schnitts ist, daß eine Linie oder Fläche immer weiter aufgeteilt werden kann, ohne daß jemals gleich große Flächen und Linien entstehen.

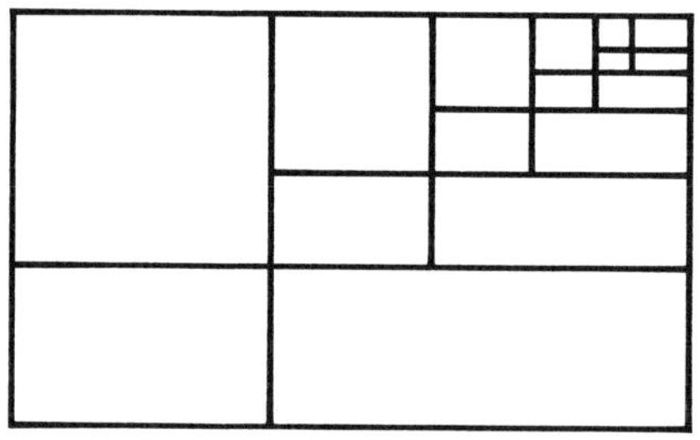

Zur Ermittlung der Verhältnisse reicht es aus, einfach die Länge der Linie, die Breite oder Höhe der Fläche mit 0,6 zu multiplizieren.
B x 0,6

Die geometrische Konstruktion des Goldenen Schnitts geht von der Diagonale in einem liegenden Doppelquadrat aus.

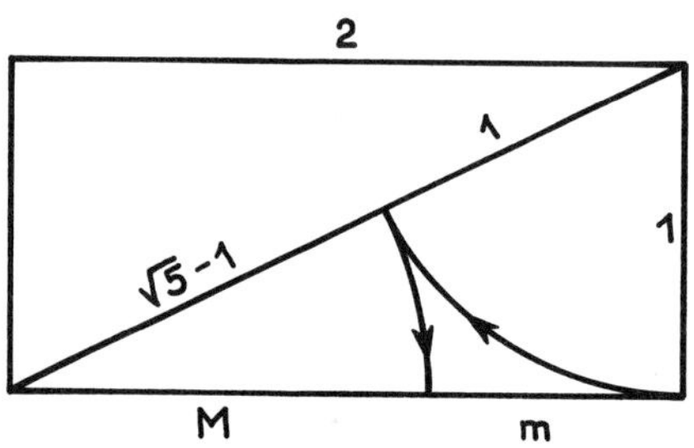

Die Seitenlänge 1 entspricht dem Wert von $\sqrt{5}$. Durch Schwenkung der Seite auf die Diagonale ergibt sich $\sqrt{5}$–1; ein Wert, der in der Relation zur Grundlinie 2 diese Strecke im Goldenen Schnitt teilt.

Die nächsten Abbildungen rechts zeigen Ihnen, wie Sie den Goldenen Schnitt ermitteln können. Für die Praxis gilt: Der Goldene Schnitt erleichtert die Suche nach geeigneten Blickpunkten im Bild.

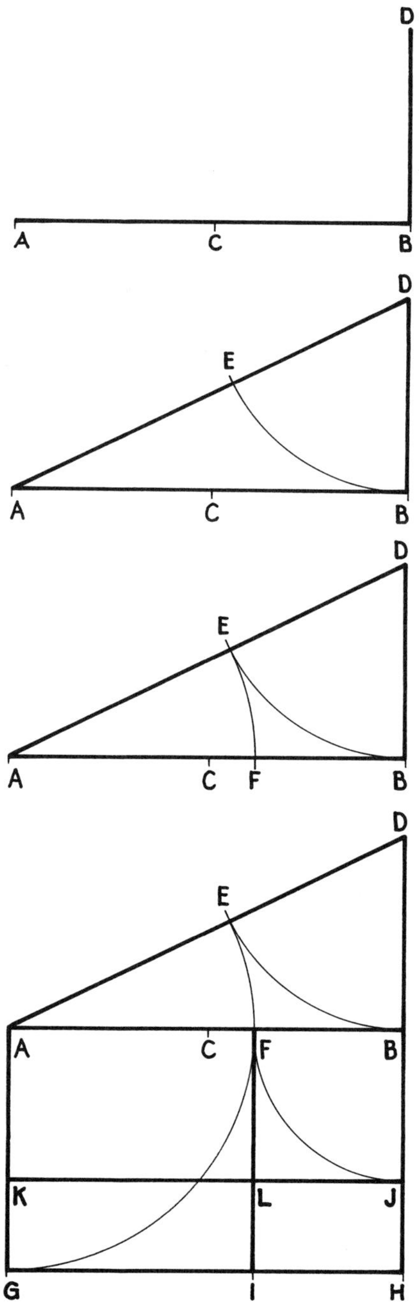

Leonardo da Vinci (1452–1519)
Die Hl. Anna Selbdritt, 1501–1507, Öl auf Holz, 168,5 x 130 cm,
Louvre, Paris.

Grundkompositionen

Sie haben in der Übung auf S. 10–11 bereits gesehen, wie unterschiedlich Flächen eingeteilt werden können. Neben der Regel des Goldenen Schnitts gibt es die elementaren Einteilungen in:

horizontal

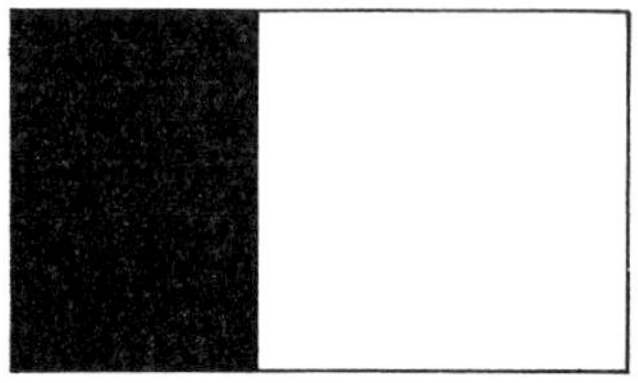

vertikal

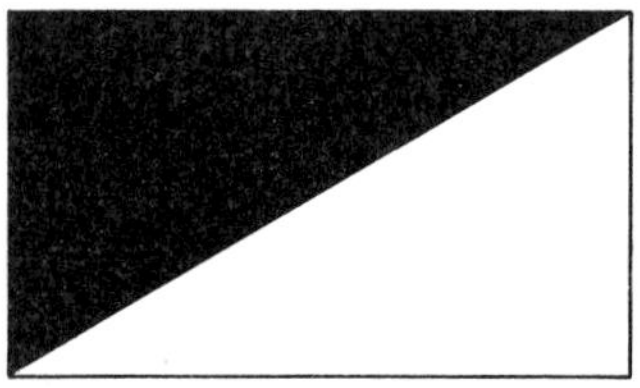

diagonal

zirkulär

Diese Grundkompositionen sind in verschiedenen Kombinationen denkbar. Die in den unterschiedlichen kunsthistorischen Epochen immer wieder auftauchenden gebräuchlichsten Formen möchte ich Ihnen an einigen ausgewählten Beispielen zeigen.

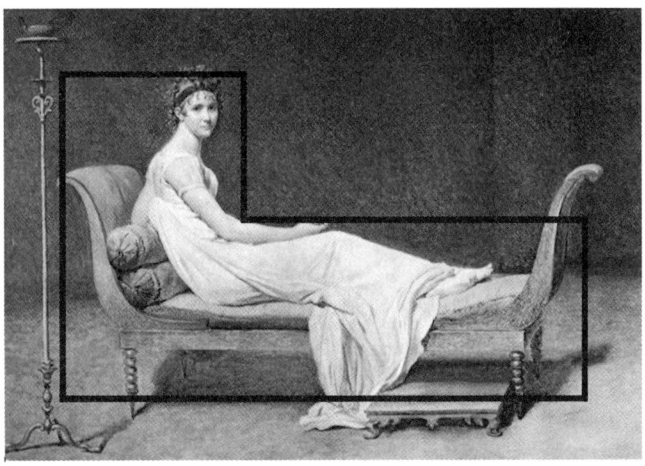

Jacques Louis David (1748–1825)
Portrait de Madame Récamier, um 1800, Öl auf Leinwand, 170 x 240 cm, Louvre Paris

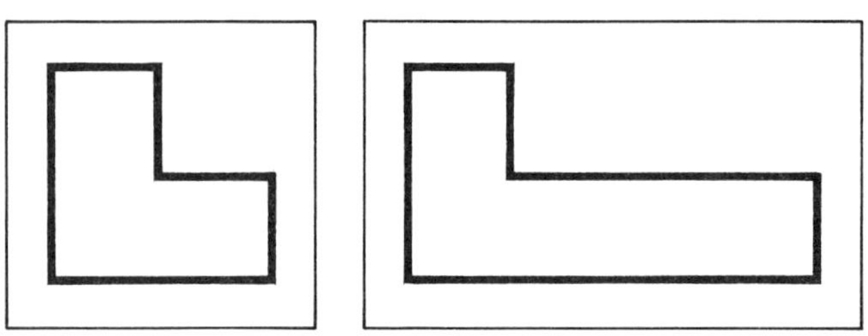

Bei der L-Form halten sich die horizontalen und vertikalen Linien im Gleichgewicht. Das klassisch traditionelle L-förmige Schema ist in zahlreichen Kompositionen aller Epochen zu finden.

Camille Corot (1796–1875)
Erinnerung an Marissel, 1866, Öl auf Leinwand, 55 x 43 cm, Louvre Paris.

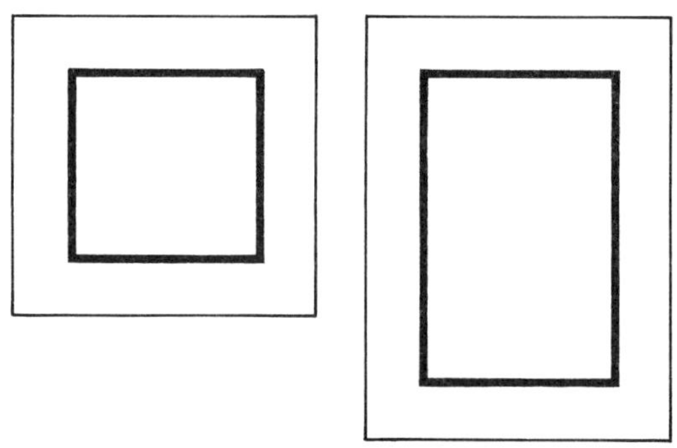

Das Rechteck findet man meistens symetrisch eingesetzt. Gemeint sind hier Rechtecke, die in einer Komposition eingeschlossen und zudem auch oft kontrastierend zu anderen geometrischen Formen angeordnet sind. Dies Schema findet sich häufig in der modernen Malerei. Es gilt als Grundschema des Kubismus. Als Beispiel könnte man hier Bilder von Georges Braque nennen. Unser Beispiel zeigt ein Rechteck in der einfach gebauten Komposition von Camille Corot.

Johann Friedrich Overbeck (1789–1869)
Italia und Germania, 1811–28, Öl auf Leinwand,
Neue Pinakothek, München.

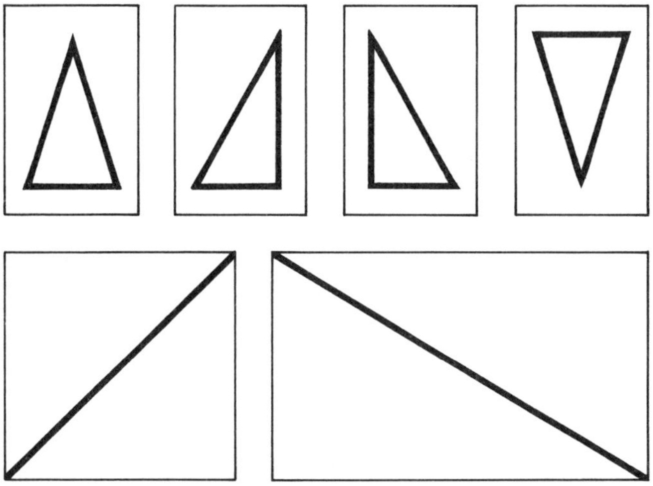

Die Komposition mit dem Dreieck wurde von Malern aller Stilrichtungen und Epochen verwendet. Das Schema kann in mehreren Variationen angewendet werden. Dazu gehören konkrete, vollständig im Bild verwendete Dreiecke, die Pyramide als gleichseitiges Dreieck und diagonale Teilungen des Bildes, bei denen das Dreieck nicht vollständig wahrgenommen wird.

Peter Paul Rubens (1577–1640)
Amazonenschlacht, um 1619, Öl auf Leinwand, 121 x 165 cm,
Alte Pinakothek, München.

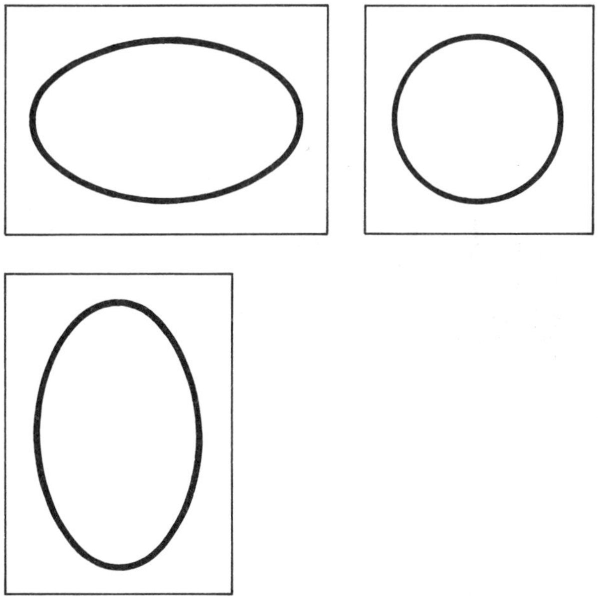

Die Ellipse oder der Kreis fanden in ihrer eigentlichen Ursprungsform nur selten Anwendung in der Komposition. Einige Beispiele liefert uns die Malerei der Romantik im 19. Jahrhundert und die des Barocks.
Merkmal der barocken Komposition ist die Konstruktion um ein gedachtes Zentrum. Ein prägnantes Beispiel dafür ist die Amazonenschlacht von Peter Raul Rubens.

Edouard Manet (1832–1883), Frühstück im Atelier, 1868, Öl auf Leinwand, 118 x 154 cm, Neue Pinakothek, München. Analyse, Hajo Düchting.

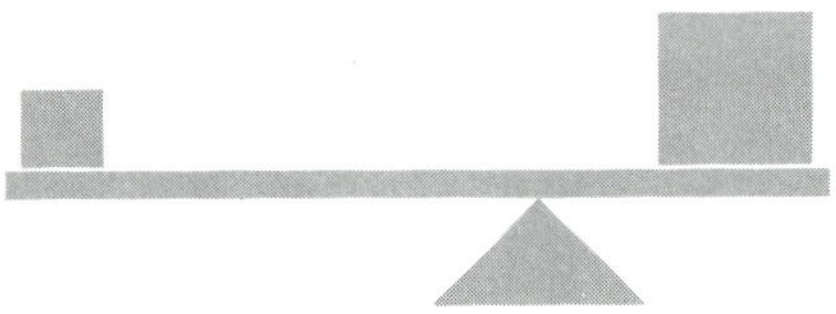

Verborgene Harmonien

Nachdem Sie einfache Kompositionsschemata und Grundregeln kennengelernt haben, wollen wir nun den verborgenen Harmonien in Kunstwerken nachspüren. An den Meisterwerken der Kunst lernen wir am besten die Kompositionweisen kennen, die für eine gelungene Bildgestaltung wichtig sind.

Bevor Edouard Manet (1832–1883) den impressionistischen Malstil übernahm, malte er in einer gepflegten, kühlfarbigen Tonmalerei, wofür unser Bild „Das Frühstück im Atelier" ein Beispiel bietet. Die pyramidenartige Komposition scheint zunächst einem klassischen Kompositionschema zu entsprechen (siehe Seite 14–17), wäre die Figurengruppe nicht so energisch aus dem Bildmittelpunkt gerückt. Hierin zeigen sich schon Einflüsse des damals neuen Mediums Fotografie, das die Maler für ihre Zwecke einsetzten. Dadurch erhält die Komposition etwas Spontanes, Skizzenhaftes, was auch durch die zufällig wirkenden Stillebenelemente auf dem Tisch und die Atelierrequisiten links am Boden sowie durch die flüssige, breite Malweise zum Ausdruck kommt. Die Szene wirkt „wie aus dem Leben gegriffen" und kommt damit den Forderungen der Impressionisten nach Spontaneität entgegen.

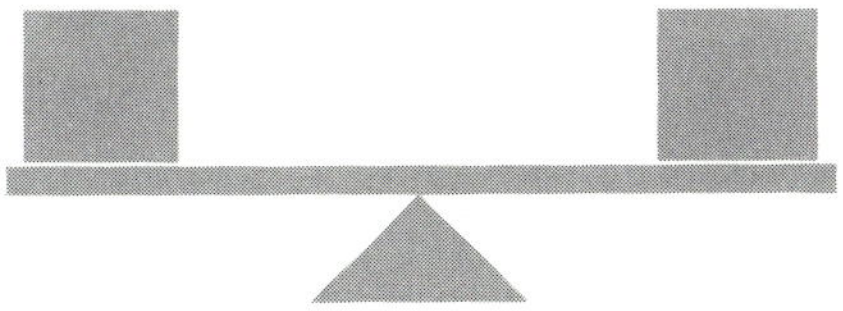

Georges Seurat (1859–1891)
Der Zirkus, 1890–91, 185 x 150 cm, Louvre, Paris.

Andererseits war Manet ein kühl kalkulierender Maler, der seinen spontan wirkenden Bildern selbst noch in der impressionistischen Phase ein festes Liniengerüst mitgab. Die einkopierten Linien zeigen deutlich das zugrundeliegende rechtwinklige Kompositionsschema, das den Bildelementen besondere Festigkeit verleiht. Der im Vordergrund stehende Knabe, Manets unehelicher Sohn Léon Leenhoff, schneidet das Gitternetz im Verhältnis des Goldenen Schnitts (siehe Seite 14–15). Seine Augen, aufreizend vom Betrachter wegschauend, bezeichnen das Bildzentrum (siehe zum Bildzentrum Seite 8–9). Weitere Blickzentren bilden der weiße Übertopf der Pflanze, der Pistolenknauf unten links und die kleine Kaffeetasse auf dem Tisch rechts. Als Blickführung ins Bild bieten sich sowohl der Pistolenknauf links wie auch der Messergriff rechts an, beide wieder auf die Bildachse, den bornierten jungen Mann, hinweisend. Das orthogonale Gitter wird nur leicht von diagonalen Linien durchkreuzt, die einen dynamischen Faktor in die sonst sehr statische, ausgewogene Komposition einbringen. In einer vorherigen (übermalten) Fassung war im Hintergrund ein großes Atelier-Sprossenfenster zu sehen, das die Bildachsen noch zusätzlich betont hätte.
Versuchen Sie einmal, diese Balance zwischen spontaner Inszenierung und fester Grundkomposition in kleinen Figurenskizzen nachzuempfinden!

Daß die wichtigen Leitlinien im Bild nicht immer deutlich erkennbar sind und die innere Bildstruktur sich oft hinter komplizierten Fassaden verbirgt, zeigt unser nächstes Beispiel. Der neo-impressionistische Maler Georges Seurat erfand nicht nur eine neue Pinseltechnik, bei der die Farbe in winzigen Punken aufgetragen wurde und im Auge zur „optischen Mischung“ gelangen sollte, sondern genau wie seine Zeitgenossen suchte er auch nach einer festen Bildkomposition.
In dem Bild „Der Zirkus“ sehen Sie eine lustige Dressurszene, die in der strengen Komposition des Goldenen Schnitts gehalten ist. Die lebhaften Bewegungen lassen zunächst nichts von der zugrundeliegenden Komposition erkennen. Erst die darunter abgebildete Analysezeichnung nach W. Homer verrät den sehr sorgfältigen und überlegten Aufbau des Bildes, der von der Figur vorne rechts ausgeht und in großen aufsteigenden Linienschwüngen durchs ganze Bild führt. Zur Stützung seiner Kompositionslehre befragte Seurat den Kunstschriftsteller Charles Henry, der eine Ästhetik von Linien und Winkeln aufgestellt hatte. Demnach drücken aufsteigende Linien im spitzen Winkel positive, fröhliche Gefühle aus, nach unten gerichtete im stumpfen Winkel dagegen sollen eine traurige, ruhige Stimmung vermitteln.

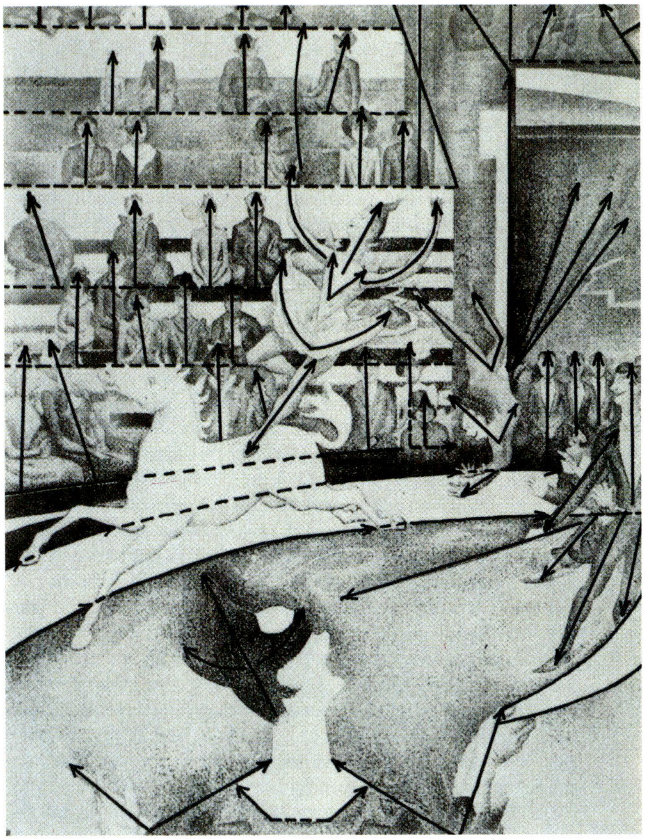

Skizze nach W. Homer, Seurat and the Science of Painting, Oxford 1964.

Horizonte: Zur Proportion von Flächen

Kehren wir zurück von den Meisterwerken zu den alltäglichen Problemen der Bildgestaltung. Das Aufteilen der Bildfläche mit nur einer einzigen Linie kann schon über Erfolg oder Mißerfolg des ganzen Bildes entscheiden. Wir sprechen vom sogenannten „Horizont". Dies ist die vom Maler eingesetzte horizontale Linie, die das Bildfeld in zwei Teile aufteilt, auf die sich in der Folge die Komposition zu beziehen hat.
Die Höhe des Horizonts ist nicht festgelegt. Sie ändert sich je nach Standort des Betrachters und ist durch seine Augenhöhe bestimmt. Wenn wir uns auf den Boden legen, beträgt die Augenhöhe etwa 30 cm; stellen wir uns aufrecht, so liegt sie etwa bei 1,70 m. Im Sitzen sehen wir den Horizont höher, und wenn wir uns auf eine Anhöhe stellen, wandert der Horizont dementsprechend nach unten.
So lassen sich bei der Landschaftsmalerei Horizonte in verschiedenen Höhen anlegen, ganz so wie der Maler seine Landschaft auffassen und empfinden möchte.
Es wäre eintönig, den Horizont genau in die Mitte zu setzen und die Bildelemente gleichmäßig zu betonen. Günstiger ist es, die Bildelemente verschieden groß zu gestalten, weil dadurch der Bezug zu einer bestimmten Bildaussage offenkundiger wird.
Eine „klassische" Aufteilung ist 2:3, also im oberen Drittel die Himmelsfläche und in den beiden unteren die Landschaft. Achten Sie bei den dargestellten Bildbeispielen einmal auf den Horizont! Sie können aber auch nach künstlerischen Vorbildern arbeiten. Solche Übungen mache ich häufig mit meinen Malschülern am Gasteig. Schauen Sie sich einmal die obenstehenden Abbildungen in Hinblick auf ihre unterschiedliche Bildwirkung an.
Die Zeichnungen zur Landschaft von Ekkehard Drechsel zeigen Ihnen ganz schematisch die Möglichkeiten der Bildaufteilung und die Gliederung der Flächen in helle und dunkle Bereiche. In den beiden oberen Abbildungen wurde das für die Bildspannung günstige Flächenverhältnis von 2:3 ausgenutzt. Es wäre vom Rhythmischen her eintönig, wollte man jedes Bildelement in etwa gleicher Flächenausbreitung anlegen. Die Wirkung können Sie am unteren linken Beispiel leicht ablesen.
Wenn Sie beispielsweise eine Hügelkette hervorheben wollen, ist es günstig, den Horizont hoch anzusetzen, um damit die Bildaussage zu verstärken. Wollen Sie hingegen die Tiefe einer Landschaft betonen, wird es vorteilhafter sein, den Horizont niedriger anzusetzen. Würden Sie den Horizont direkt in die Mitte legen, wäre dies nicht nur vom Rhythmus her störend, sondern das Bild würde auch von der Symmetrie her statisch wirken. Sie können davon ausgehen, daß eine absolut gleichmäßige, symmetrische Gestaltung immer auf Spannungslosigkeit zielt. Ein Mittel, um im Bild mehr Spannung zu erzeugen, ist die Betonung durch die Diagonale, wie

Alle Bilder stammen aus meiner Malschule im Gasteig im Rahmen der VHS. Vorbilder waren Werke von Monet und Pechstein.

Schemazeichnungen zur Landschaft, Ekkehard Drechsel.

Sie dies an der Abbildung auf der linken Seite unten rechts sehen können.
Versuchen Sie, mit Hilfe der Skizzen eine einfach strukturierte Landschaft darzustellen. Verschieben Sie dabei die Horizontlinie nach oben und nach unten. Sie können einfache Zeichnungen auch mit dem Filzstift anfertigen. Links oben liegt der Horizont im klassischen Verhältnis von 2 : 3. Der große Raum im Vordergrund überschneidet die Teilung ebenfalls in einem harmonischen Verhältnis und verknüpft beide Bildteile. Das rechte Bild zeigt einen höhergelegenen Horizont und erfährt dadurch eine dramaturgische Steigerung. Wirkt das linke Bild ruhig und harmonisch, so ist das rechte dramatisch und bewegt, was zusätzlich in dem Pinselduktus und der Farbgebung zum Ausdruck kommt.
Die beiden kleinen Abbildungen darunter zeigen das Problem noch einmal von einer anderen Seite. Links sieht man den dramatischen, aufgetürmten Horizont, diesmal zusätzlich wild zerklüftet, rechts den sanft geschwungenen Horizont in „normaler" Unterteilung. Schon stellen sich beim Betrachter Assoziationen unterschiedlicher Landschaften ein, wie nördlich - südlich, Abend - Morgen, Kälte - Wärme.

Das Problem der Proportionen

Proportion nennen wir das Verhältnis der einzelnen Teile zum Ganzen. Zu allen Zeiten haben Künstler nach einem Kanon harmonischer Proportionen gesucht, den sie vor allem von den Maßen des menschlichen Körpers ableiteten. Davon legen die Proportionslehren von Leonardo da Vinci und Albrecht Dürer Zeugnis ab. Doch ist der Mensch wirklich das Maß aller Dinge, wie uns diese Proportionslehren glauben machen wollen? Das kann sicher auch in der Kunst nicht der Fall sein, es sei denn, man wolle sich einer strikten Norm, einer Idealfigur unterwerfen und diese Norm auf alle anderen Dinge übertragen. Gerade aber im künstlerischen Bereich haben wir die Freiheit, von allen Normen abzuweichen und uns auf die eigene Phantasie und Kreativität einzulassen.
In jedem Bild werden uns aber die Probleme der richtigen oder „falschen“ Proportion begegnen.
Werden die Größenverhältnisse in einem Bild mißachtet, können unglückliche Wirkungen entstehen.

Im Bild (wie in der Natur) können nämlich die einzelnen Dinge immer nur in Relation zueinander gesehen werden. Das Auge vergleicht ständig jede Einzelheit mit einer anderen in bezug auf Größenverhältnisse und Proportionen, wobei natürlich auch das gespeicherte Wissen um die tatsächliche Größe der betreffenden Dinge einbezogen wird.
Gerade der Malanfänger hat oft Schwierigkeiten, die einzelnen Bildteile in ein harmonisches Verhältnis zum Bildganzen zu bringen. Werden aber die Größenverhältnisse im Bild mißachtet, so können sehr disharmonische Wirkungen entstehen. Einige Faustregeln für die Proportionswirkung lassen sich leicht merken:
- geteilte Strecken wirken größer als ungeteilte
- helle Bildteile wirken größer als dunkle
- intensive Farben scheinen Bildteile zu vergrößern, während stumpfe Farben kleiner machen.

Die Hauptkontraste der Proportion lauten:
groß - klein
hoch - niedrig
dick - dünn
breit - schmal

Machen Sie für Ihre Bildkomposition mehrere Vorstudien zur Proportion der Bildteile, und erwägen Sie dabei die oben genannten Grundregeln!

Wenn wir unserer normalen Wahrnehmung folgen und ein gegenständliches Bild anlegen wollen, müssen wir natürlich Dinge, die weit entfernt liegen sollen, entsprechend klein und oben ins Bildfeld setzen. Schauen Sie sich aber noch einmal alle Bildbeispiele in unserem Buch an und machen Sie anhand der Motive Skizzen zu den Proportionen. Sie werden durch eigene Erfahrung bald feststellen, daß es die „richtige“ Proportion nicht geben kann. Für jedes Bild, für jedes Motiv müssen die Proportionen, die Gewichtsverteilung, die Aufteilung der Bildfläche neu bestimmt werden. Wir können nur unser Gefühl für Proportionen sensibilisieren, wozu die ständige Übung vor allem im Zeichnen unerläßlich ist.
Für den Landschaftsmaler stellt sich das Problem der richtigen Größenverhältnisse. Zu groß wirkende Bäume und Berge im Hintergrund lassen das Bild unwirklich und disharmonisch erscheinen. Als Faustregel gilt: Alle Bildteile nehmen nach hinten bzw. nach oben in der Bildfläche in Größe und Deutlichkeit ab. Aber das ist nur eine sehr allgemeine Regel, die nicht immer eingehalten werden muß.
Betrachten Sie die beiden Bilder von Thoma und Koch. Der „Schmadribachfall“ von Koch stürzt ein gigantisch aufgetürmtes Gebirge herunter, einen finsteren Wald hindurch, bis er im Vordergrund in einen reißenden Bach ausläuft. Das Gebirge im Hintergrund ist gegen alle Konvention riesig groß und überscharf dargestellt. Eine solche Sicht wäre nur bei einem Hubschrauberflug mit einem Weitwinkelobjektiv möglich, aber auch dann nur beschränkt. Koch hat ein „Naturdrama“ erfunden, in dem der Mensch nur ganz klein, als ohnmächtiger Zuschauer, vorkommt.
Ganz anders die Bildwirkung der „Taunuslandschaft“ von Hans Thoma! Der Betrachter wird wie die Figur auf dem Bild eingeladen, sich bequem zu „lagern“ und den Blick gemählich über das weite Tal schweifen zu lassen. Die in der Ferne verschwindenden Hügelketten überschreiten nicht den Augenhorizont und führen den Blick in feinen Farbabstufungen immer weiter in die Bildtiefe. Kleine Details im Vorder- und Mittelgrund laden zum Verweilen ein. Das Verhältnis Natur - Mensch ist hier geradezu umgekehrt. Die Natur ist zu einer überschaubaren Idylle verkleinert, die der Mensch ganz gemütlich wie in einem Bilderbuch betrachten kann.
Auch das ist ein Thema der Proportionen!

Hans Thoma (1839–1924)
Taunuslandschaft, 1890, Öl auf Leinwand, 113,3 x 88,8 cm,
Neue Pinakothek, München.

Joseph Anton Koch (1768–1839)
Der Schmadribachfall, 1821/22, Öl auf Leinwand, 131,8 x 110 cm,
Neue Pinakothek, München.

Von Hell nach Dunkel und zurück

Ein besonders spannungs- und bewegungsreiches Bildmittel ist das Hell-Dunkel, dem Kontrast zwischen hellen und dunklen Partien im Bild. Werden die Farben mit Weiß und Schwarz gemischt, so erhält man eine Reihe von gebrochenen, gedämpften Farbtönen oder sogenannten „Tonwerten".
Diese Tonwerte sind für jedes Thema und jedes Motiv von außerordentlicher Bedeutung. Ohne diese Hell-Dunkel-Kontraste würde das Bild völlig ausdruckslos wirken. Machen Sie einmal Schwarz-Weiß-Kopien von Kunstreproduktionen und studieren Sie darauf die Verteilung der Hell-Dunkel-Werte! Sie können diese Kopien auch mit Tusche nachskizzieren. Jeder Kunststil und jede Epoche ist mit diesen grundsätzlichen Spannungselementen anders umgegangen: dramatisch und bewegt im Barock, ruhig und ausgeglichen im Klassizismus, wild und aufgerissen in der romantischen Malerei. Auch in der modernen Malerei, die ganz aus der Farbe arbeitet, lassen sich die Hell-Dunkel-Werte nicht unterdrücken; sie werden hier aber vor allem von den Farben repräsentiert (z. B. Blau = Schatten; Gelb = Licht, siehe zu der Eigenhelligkeit der Farben mein Buch „Abenteuer Farbe"). Aus dem Hell-Dunkel lassen sich auch raumbildende Elemente entwickeln. Betrachten Sie einmal Bilder von Turner, wie er aus dem Ineinanderführen heller und dunkler Bildteile Atmosphäre und Raum schafft z. B. „Der Morgen nach der Sintflut".
Sehr schön und deutlich verwendet der Nabi-Künstler Félix Vallotton das Hell-Dunkel in dem hier gezeigten Bild. Das Beispiel oben links zeigt Ihnen die Übertragung des Motivs in eine andere Farbigkeit, die die Hell-Dunkel-Verteilung aufhebt. Sie können sehen, daß der Zusammenhang des Bildes dadurch aufgehoben wird, es sozusagen auseinanderfällt. Achten Sie einmal genau auf die Hell-Dunkel-Verteilung – am besten anhand einer Schwarz-Weiß-Kopie, wie sie oben rechts abgebildet ist. Der Hintergrund ist in zwei unregelmäßige Flächen in starkem Hell-Dunkel-Kontrast aufgeteilt. Vor dem hellen Teil baut sich der größte Teil des Stillebens auf. Einzelne Tulpenblüten ragen aber auch in den dunklen Teil hinüber und wechseln dann völlig in den Tonwerten, so daß ein lebendiger Hell-Dunkel-Rhythmus entsteht, der noch einmal in dem Streifenmuster der Tischdecke auftaucht. Trotz der scharfen Kontraste trägt die Verbindung von hellen und dunklen Bildteilen durch das überlegte Abwechseln und Rhythmisieren zur ruhigen Harmonie des Bildes bei.
Setzen Sie ein farbiges Bild mit Tusche in Hell-Dunkel-Werte um! Statt Tusche und Pinsel können Sie auch Kohle, schwarze Ölkreide oder einen weichen Graphitstift nehmen. Wenn Sie die Farbverteilung in einem Bild beurteilen wollen, empfiehlt es sich, nach der Farbkontrastlehre vorzugehen. Diese habe ich leicht verständlich in meinem Buch „Abenteuer Farbe" dargelegt, das ebenfalls im Ravensburger Buchverlag erschienen ist.
Wenn Sie bei der Anlage eines Bildes in der Farbwahl unsicher sind, so halten Sie sich zunächst an die Farben, die Ihnen von der Natur vorgegeben sind. Dann können Sie anhand der Kontrastlehre versuchen, eine bestimmte Wirkung zu erzielen.

Félix Vallotton (1865–1925)
Stilleben, 1913, Öl auf Leinwand,
Sammlung Hahnloser, Bern.

Jean Baptiste Chardin (1699–1779)
Die Rübenputzerin, 1738, Öl auf Leinwand, 46x37 cm,
Alte Pinakothek, München.

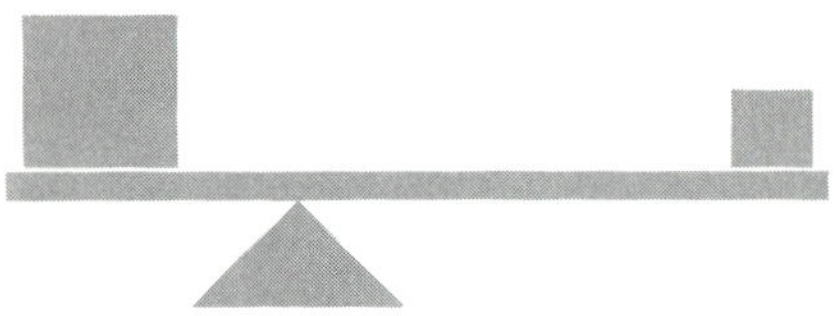

Gewichte und Balance

Anhand von vier Bildern aus verschiedenen Epochen der Kunstgeschichte wollen wir das Problem der Gewichte im Bild besprechen.
Das Empfinden für richtige Gewichte im Bild läßt sich am besten in kleinen Studien üben. Unterteilen Sie ein Blatt Papier (DIN A4 oder DIN A3) in ein gleichmäßiges Linienraster. In dieses Raster setzen sie dann beliebige Formen ein, indem Sie versuchen, beide Blatthälften auszubalancieren. Die von Ihnen gewählten Formen können gegenständlicher Herkunft sein (Vasen, Äpfel, Birnen) oder auch geometrische Grundformen (siehe Seite 44–45, Raumphantasien dreier Grundformen). Auch die Technik spielt hier keine Rolle. Am besten nehmen Sie schnell zu verarbeitende graphische Techniken, Graphitstift, Zeichenkohle oder Tusche. Es kommt nur darauf an, den Sinn für die Gewichtsverteilung im Bild zu schulen. Sie können auch einige Grundformen aus schwarzem Karton ausschneiden und so lange auf der Fläche verschieben, bis Sie die richtige Verteilung gefunden bzw. empfunden haben. Dann kleben Sie die Teile in dieser Lage auf (siehe dazu auch die Collagen auf Seite 66–67).
Man kann sich die Gewichteverteilung der Bildelemente in einem Gemälde wie auf einer Waage vorstellen. Die Gewichte können völlig gleichwertig sein. Dann spricht man von einer symmetrischen Komposition. Aber auch eine ungleichwertige, also asymmetrische Komposition kann von großem Reiz sein (siehe dazu Seite 30–31 Symmetrie gleich Harmonie?). Um die Gewichteverteilung im Bild zu verdeutlichen, sehen Sie bei einigen Abbildungen in diesem Buch ein Waagesymbol.
Zur Ausdruckssteigerung seines Bildes verwendet man oft bestimmte Schwerpunkte, die den Blick führen und anziehen sollen (siehe zur Blickführung auch Seite 36–37). Dazu muß man vorher genau die Stützpunkte der Gewichte festlegen. Das leichtere Gewicht muß zur Herstellung der Balance weiter nach außen an die Bildränder plaziert werden. Das gilt nicht nur für die linke und rechte Bildhälfte, sondern auch für die obere und untere. Durch Verschieben von Bildteilen lassen sich aber auch sehr dynamische und spannungsvolle Kompositionen erzeugen.
Jean-Baptiste Chardin gilt vor allem als Stillebenmaler, der in Farbe wie auch in der Komposition wunderbare Feinheit erzielte. Sein Bild „Die Rübenputzerin“ (1738) gehört zu einer Gruppe stiller Küchenbilder. Das Hauptgewicht liegt auf der verträumt dasitzenden Küchenmagd. Rundherum liegen andere, kleinere Gewichtszentren, die das Auge in einer zwanglosen Abfolge durch das Bild leiten: angefangen links unten bei den gehäuften Rüben, die so gruppiert sind, daß sie auf die Magd weisen und dadurch eine Linie bilden. Eine zweite Linie geht von der Schüssel rechts aus und leitet über den Pfannenstiel und den Hackblock ebenfalls zur Magd zurück. Das wie absichtslos in der Hand ruhende Messer schließt den Kreislauf der Blickbewegungen.
August Macke malte das Bild rechts während seiner Tunisreise, die er zusammen mit Paul Klee und Louis Moilliet unternahm. Der satte Farbklang aus Blau-Orange, Gelb, Grün und Rot strahlt Lebensfreude aus. Die Komposition wird durch die ausgewogen aufeinander bezogenen Farbflächen bestimmt. Das Interieur vom „türkischen Café“ ist auf wenige, großflächig angelegte Teile reduziert, wie auch der Besucher dieses Cafés, der lediglich durch seinen Kaftan und den dekorativ eingebrachten Fez dargestellt ist. Das Bild ist in deutliche Teile gegliedert: Von links unten schiebt sich ein türkisgrüner Tisch in das Bildfeld und bildet somit den deutlich abgegrenzten Vordergrund. Dahinter steigen mehrere Vertikalen auf, Stuhl, Tür, Besucher, Wandabschluß rechts, die das Bild in mehrere ruhige Bildzonen gliedern. Das Hochformat kommt dieser vertikalen Gliederung entgegen. Den Abschluß oben bildet das sonnendurchflutete Blätterdach, das in der Farbigkeit und in der horizontalen Lagerung auf den Tisch unten antwortet. Die grüne Figur rechts wird perfekt von einem riesigen Blatt auf der linken Seite ausbalanciert, so daß insgesamt eine ruhige Stimmung und ausgewogene Komposition entsteht.

August Macke (1887–1914)
Türkisches Café, 1914, Öl auf Holz, 60x35 cm,
Städtische Galerie im Lenbachhaus, München.

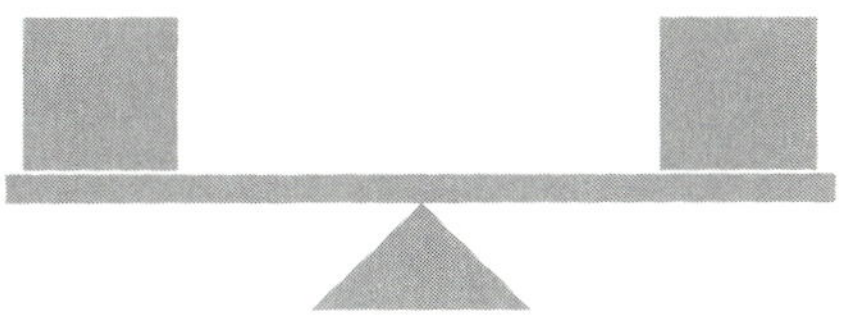

Camille Corot (1796–1875)
Landschaft bei Riva am Gardasee, 1835,
Öl auf Leinwand, 98,6 x 141,5 cm,
Neue Pinakothek, München.

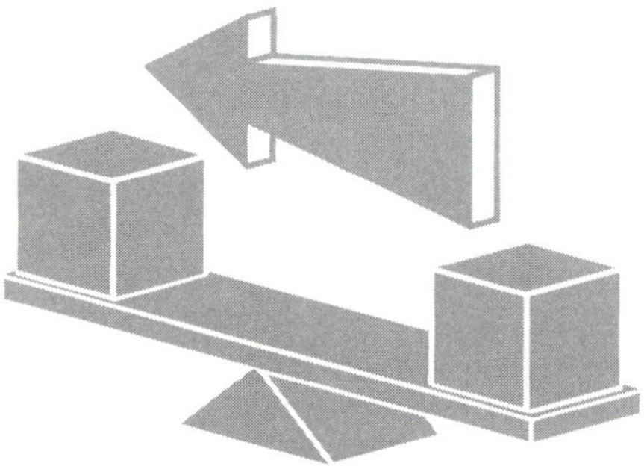

Welche Ruhe geht von diesem Bild von Camille Corot aus! Corot unterschied selbst zwischen „Naturstudie“ und „Komposition“, wie sie hier in der „Landschaft bei Riva am Gardasee“ vorliegt. Die schweren, kubischen Formen der Felsen umlagern den in der Abendsonne glänzenden See und ziehen den Blick wie durch ein Nadelöhr auf sehr fein abgestuften Felsen im Hintergrund. In diesem Bild hat Corot ein starkes Gewicht auf die rechte Bildseite gelegt, die von einer massiven, das Bildformat überschneidenden Felsformation „gesperrt“ ist. Die wenigen Details in der dunkeltonigen Farbigkeit dieses Bildteils halten das Auge aber nicht fest. Der ablegende Kahn, der zur Bildmitte zielt, weist den Weg aus dem stimmungsvollen Dunkel ins Licht der milden Sonne.

*Camille Pissarro (1830–1903)
Dorfeinfahrt von Voisins, 1872,
Öl auf Leinwand, 45 x 55 cm,
Louvre, Paris.*

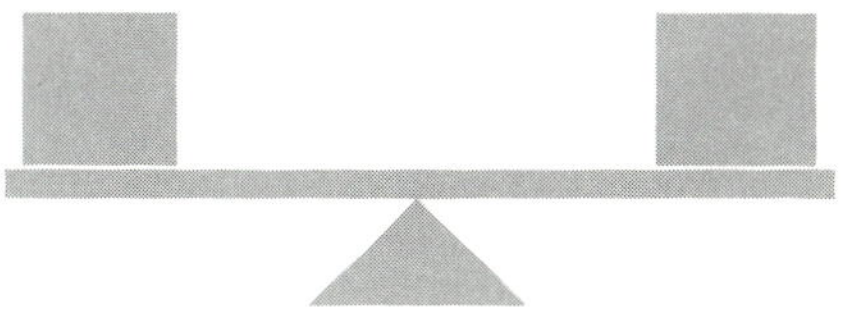

Das Bild von Camille Pissarro, einem Meister des Impressionismus, zeigt dagegen eine fein ausgewogene Bildanlage. Der perspektivisch angelegte Weg mit dem entgegenkommenden Pferdewagen führt direkt zu dem hellen Tor, der „Dorfeinfahrt von Voisins". Die Gruppe von Gebäuden links wird von einer entsprechenden Gruppe rechts ausbalanciert. Besondere Bedeutung haben aber die symmetrisch angelegten Bäume: Während links vier Bäume mit dünneren Stimmen und feineren Ästen stehen, sind rechts drei kräftige, knorrige Bäume mit starken Schlagschatten dagegengesetzt. So hat Pissarro wie auf einer Waage die Teile seines Bildes genau ausbalanciert.
Haben Sie übrigens bemerkt, wo das Zünglein an der Waage liegt? Richtig, in der Spitze des hoch aufragenden Baumes im Hintergrund!

Ferdinand Hodler (1853–1918)
Thuner See mit symmetrischer Spiegelung, 1904, Öl auf Leinwand, Kunstmuseum Bern.

Symmetrie gleich Harmonie?

Symmetrien begegnen wir in vielerlei Bereichen des Lebens. Die Natur bildet ihre Formen gerne nach regelmäßig wiederkehrenden Mustern, Linien und Farben aus. Wer schon einmal Kleinlebewesen unter dem Mikroskop beobachtet hat, wird über die Vielfalt der Formen erstaunt sein, aber auch über die grundsätzlichen Urformen, die immer wieder variiert werden. Kein Wunder also, daß die Kunst solche Grundmuster zum Anlaß für eigene Kompositionen machte. Der Naturphilosoph Haeckel wollte mit seinem Buch „Kunstformen der Natur" mit vielen wunderschönen farbigen Tafeln den Beweis der Analogie von Natur und Kunst erbringen.
In der Sprache der Kunst gibt es zahlreiche Symmetrien. Der schweizer Maler Ferdinand Hodler besaß für solche Symmetrieformen eine wahre Leidenschaft, wie besonders seine Landschaften zeigen. Unser Beispiel zeigt den Sonderfall einer symmetrischen Darstellung: die Spiegelung entlang einer angenommenen Achse (dem Blickhorizont). Die Allmacht und Harmonie der Natur kommt in solchen majestätischen Landschaftsbildern gut zum Ausdruck. Im Grunde genommen wirken symmetrische Kompositionen leicht leblos und starr. Hier wird jedoch die besondere Aussage des Bildes durch die Symmetrie unterstrichen. Eine spiegelbildliche Landschaft können Sie übrigens leicht selbst erfinden: Falten Sie ein Blatt Zeichenpapier der Länge nach und drücken Sie zwei bis drei verschiedene Farbtöne in den Knick. Legen Sie das Papier dann zusammen und fahren Sie leicht mit der Hand darüber. Sie erhalten ein sogenanntes Abklatschbild, das zwei fast identische Formteile entlang der Faltachse zeigt. Gut eignen sich dazu Acrylfarben wegen ihrer schönen Textur und schnellen Trockenzeit. Anschließend können Sie die Symmetrielandschaft weiter ausgestalten.
Vermeiden Sie eine zu starre Symmetrie beider Bildhälften und versuchen Sie, die Bildelemente in ein Spannungsverhältnis zu bringen. Dies können Sie sehr schön an dem Bild von Leidl sehen.
Als Hauptmotiv dienen einige Milchkannen auf einer Holzbank in ländlicher Idylle. Ein Zaun mit bunten Feldblumen hinterfängt die cremefarben angelegten Kannen mit sehr reizvollen Farbkontrasten, die als Reflexlicht auf den Kannen erscheinen. Ein großer Baum überragt noch einmal das Hauptmotiv und gibt zugleich die Bildachse an. Sehr fein sind nun die beiden Bildhälften gegeneinander abgewogen: Während rechts hinter dem dunklen Holzzaun ein heller Weg in steiler Kurve heraufführt und bald hinter dem Baum einmündet, zieht sich links eine sanft gebogene Fahrspur einen hochliegenden Grashügel hinauf. Ein am Horizont erscheinender Baum und ein Zaun schließen den Hintergrund der Landschaft ab und kontrastieren mit dem leuchtenden Himmel. Ganz rechts am Bildrand schließen eine eben noch sichtbare Hauswand und ein vorkragendes Dachteil die Komposition ab. Dadurch wird das Hochformat des Bildes betont. Diese feine Asymmetrie und Balance der Komposition wiederholt sich auch im Hauptmotiv, den Milchkannen, in der rhythmischen Anordnung der verschieden großen Gefäße. Die farbig reiche Malerei erhält durch die ausgewogene, aber spannungsreiche Komposition eine ideale Ergänzung.

Anton Leidl (1900–1976)
Milchkannen, 1952, (Ausschnitt) Öl auf Leinwand,
Privatbesitz, Düsseldorf.

Flaschen jonglieren: Eine Übung zur Rhythmik

In jedem Haushalt befindet sich genügend Leergut, mit dem man ein wenig herumspielen kann. Sammeln Sie leere Flaschen, Krüge und andere Gefäße und stellen Sie die unterschiedlich großen Gegenstände vor sich auf den Tisch. Nun variieren Sie verschiedene Anordnungsmöglichkeiten der Flaschen: Gruppieren Sie sie in größeren und kleineren Abständen. Achten Sie auf Berührungen und Überschneidungen, Abstände und Zwischenräume. Stellen Sie kleinere Gegenstände nach vorn und größere nach hinten. Je interessanter und abwechslungsreicher Ihre Anordnung aussieht, desto besser für das künstlerische Auge.
Nun nehmen Sie einen Bleistift oder Zeichenkohle und skizzieren das Flaschenstilleben! Machen Sie mehrere Skizzen aus verschiedenen Blickrichtungen und von ganz unterschiedlichen Zusammenstellungen, bis Sie einen ansprechenden Blickwinkel und eine interessante Abfolge gefunden haben. Diese setzen Sie dann in ein Bild mit Farben um. Sie können diese Seite auch mehrmals kopieren und dann die Flaschen für eine Collageübung ausschneiden.
Probieren Sie alle Möglichkeiten aus!

Giorgio Morandi (1890–1964)
Natura Morta, 1938, Öl auf Leinwand,
Museum Ludwig, Köln.

Giorgio Morandi hat aus ganz wenigen einfachen Dingen des Haushalts wunderschöne Stilleben geschaffen, wie unser Beispiel rechts oben zeigt. Die Zuordnung der Dinge in ihrer strengen Tektonik verraten ein tiefes Verständnis klassischer Kompositionsweise. Achten Sie besonders auf den Rhythmus der Gegenstände, der durch die Farbe noch betont wird. Morandi nahm meistens dieselben Gegenstände aus seinem persönlichen Fundus und arrangierte sie immer wieder neu. Stets wurde die Beleuchtung so gesetzt, daß eine gleichmäßige Schattentiefe entstand. Auf dieser flachen Raumbühne inszenierte Morandi dann seine Stilleben.
Rhythmus ist ein wichtiges kompositorisches Element und bedeutet Bewegung durch betonte regelmäßige Wiederholungen. Den Begriff Rhythmus kennt man vor allem aus der Musik und Architektur. Anfang unseres Jahrhunderts wurde er in der Malerei gebräuchlich, angeregt durch die Geschwindigkeit der neuen Verkehrsmittel und der neuen Techniken überhaupt (siehe zur Bewegung auch Seite 38–39).
Starre, gleichmäßige Anordnungen wirken leblos und langweilig. Nur durch abwechslungsreiches Anordnung der Formen erreicht man ein faszinierendes, anregendes Bild. Machen Sie zu diesem Problem eine Reihe von Übungen mit Filzstift oder Tusche, sei es nach Gegenständen oder frei aus der Phantasie.
Die nächsten beiden Seiten zeigen Ihnen Stillebenübungen aus meiner Malschule. Lassen Sie sich durch diese zum eigenen Tun anregen.

Alle Bilder stammen aus meiner Malschule am Gasteig München.

Bei den Abbildungen auf dieser Seite sehen Sie Variationen einer Stillebenkomposition, die in meiner Malschule am Gasteig entstanden sind.
Im Gegensatz zu dem Arrangement der Flaschen bei Morandi, bilden diese hier nicht die alleinige Bildaussage; hier wurden die Kompositionen durch andere Bildelemente wie Obst und Gemüse oder auch durch ein Glas erweitert, zusätzlich wurde etwas Tuch angedeutet.
In der ersten Übung wurde die Form der Flasche zeichnerisch erarbeitet. In der zweiten Übung wurde durch schnell hingeworfene Skizzen in Verbindung mit einer Monotypie ein erster Eindruck festgelegt. In der dritten Phase entstand eine Farbstudie in freier Komposition, die Flaschen mit hinzugefügtem Gemüse zeigt und etwas Tuch andeutet.

Pierre Bonnard (1867–1947)
Großes Speisezimmer mit Blick in den Garten, 1934, Öl auf Leinwand, 127 x 125 cm, Solomon R. Guggenheim Museum, New York.

Frühstück verkehrt: Die Blickführung im Bild

An diesem Meisterwerk von Pierre Bonnard, dem spätimpressionistischen Maler intimer Farbstimmungen, interessieren uns vor allem die Gegenstände auf dem Bild. Die wie zufällig wirkende Anordnung auf dem Tisch enthüllt bei näherem Hinsehen eine überlegte Komposition aus den zwei elementaren Grundsystemen, dem rechtwinkligen Netzsystem und dem konzentrischen System, dessen Mittelpunkt von der Achse Fensterbalken-Stuhl-Fruchtschale gebildet wird. Der Blick wird von links ins Bild geleitet, fällt auf die schön gruppierten Gegenstände, bleibt auf der Mittelachse ruhen und wird dadurch gleich verführt, ins Freie, auf die Gartenlandschaft zu schwenken. Schließlich wird er von der rechts aus dem Bild blickenden Frau wieder aus dem Bild herausgezogen bzw. beginnt seinen Weg wieder von vorne. Hinter dem impressionistischen Bildmotiv versteckt sich also eine fein ausgewogene Komposition, deren wichtigste Linien ich Ihnen auf Pauspapier übertragen habe. Rechts sehen Sie diese Umzeichnungen mit den Kompositionslinien abgedruckt, aber verkehrt herum! Das seitenverkehrte Muster der Komposition macht eine Grundregel deutlich: Die Blickführung muß stets von links nach rechts erfolgen, also in unserer für Europäer gewohnten Lesebewegung, andernfalls wird unser Blick gehemmt. Das kleine Experiment zeigt noch einmal, wie wichtig diese „Leserichtung“ im Bild ist. Pausen Sie die Zeichnung noch einmal nach und legen Sie sie auf die Abbildung. Schon stimmt wieder alles!
Mit der Collage unten rechts zeige ich Ihnen eine andere Gruppierungsmöglichkeit der Gegenstände im Bild von Bonnard. Auch hier wirkt das Koordinatensystem der Fläche mit der Obstschale als Mittelpunkt.
Wenn Sie Ihren Blick für die Leserichtung im Bild schulen möchten, sollten Sie unbedingt Analysen an verschiedenen Abbildungen von Kunstwerken vornehmen. Machen Sie selbst einmal solche Umgruppierungen von Bildern, die Sie mehrmals kopieren und dann entsprechend ausschneiden!

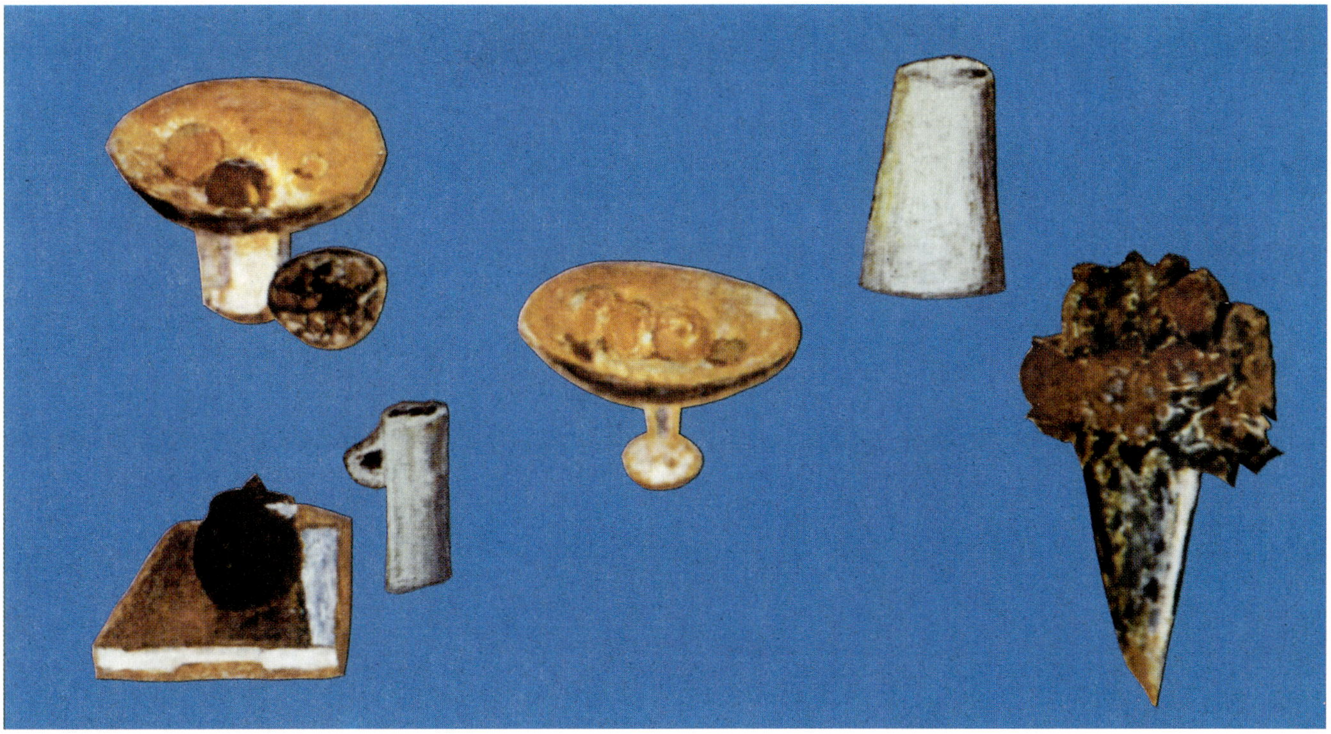

Giacomo Balla (1871–1958)
Studie zu „Laufendes Kind auf dem Balkon", 1912, Bleistift und Tinte, 230x279 mm,
Nachlaß des Künstlers.

Es kommt Bewegung ins Spiel

Das Problem der Bewegungsdarstellung im Bild ist gar nicht so neu, wie es den Anschein haben mag. Bereits die griechischen Bildhauer der Antike kannten im sogenannten „Kontrapost" eine Möglichkeit spannungsvoller Bewegung. Wir kennen dies auch als Spielbein-Standbein-Haltung. Die simultanen Handlungen auf den mittelalterlichen Tafelbildern verdeutlichen eine andere Art der Bewegungssuggestion: Eine Geschichte wird in mehrere Handlungsstränge zerlegt, die simultan (zugleich in verschiedenen Bildfeldern) abgebildet werden. Renaissance und besonders der Barock widmeten sich mit Feuereifer neuen Möglichkeiten, Bewegungen von Figuren und Tieren im Bild darstellen zu können. Als Mittel wurden Überschneidungen, lebhafte Gestik und Mimik, spannungsvolle Bezüge in der Gesamtkomposition eingesetzt. In der neueren Kunst wurde die Bewegungsdarstellung immer wichtiger. Angeregt durch die neuen Medien, Fotografie und Film, sowie die beschleunigten Verkehrsmittel und Kommunikationswege hatten sich besonders die Futuristen diesem Thema gewidmet. „Simultanität" und „Bewegung" wurden Schlagworte in ihrem ästhetischen Programm. Die künstlerischen Mittel entlehnten sie vor allem der „Chronophotographie", einer von E. J. Marey (1830–1904) erfundenen Aufnahmetechnik für verschiedene, schnell ablaufende Bewegungsphasen. Die Zeichnung von Giacomo Balla, einem italienischen Futuristen, zeigt deutlich solche übereinandergelegten Phasen einer laufenden Figur.

„Farbe ist Bewegung", zu dieser Erkenntnis gelangte Robert Delaunay und setzte sie in seinen ganz abstrakten „Fensterbildern" und „Farbrhythmen" um (1912). Das Auge soll über das Wechselspiel von Farbreiz und Kompensation in den Simultankontrasten direkt Bewegung erfahren, ohne an irgendwelche Symbolträger gebunden zu sein. Von Delaunay ausgehend setzte dann die Op-Art auf Bewegungsphänomene, die durch optische Muster im Auge hervorgerufen werden. Die Kippfiguren und die damit verbundenen Bewegungsvorstellung in Vasarelys Gemälden sind rein malerische Konstruktionen aus der Farbe. Sie beziehen ihre Gesetzmäßigkeiten allein aus der Wahrnehmungspsychologie.

Betrachten Sie das Pastell von Degas! Wie elegant löst der impressionistische Maler das Problem der Bewegungsdarstellung durch die hochliegende Blickachse, die diagonale Blickführung durch die Armbewegungen der Tänzerinnen und die perspektivische Verkürzung nach hinten. Wir sind Zuschauer eines anmutigen Balletts. Nicht immer ist Bewegung im Bild auf den ersten Blick erkennbar, wie Sie auch schon ganz zu Anfang beim Zirkusbild von Seurat gesehen haben. Oft wird sie vom Maler intuitiv integriert und wirkt als dynamischer Bildfaktor, um Schwerpunkte anzugeben und auf Bildteile hinzuweisen, die für den Betrachter wichtig sind. Durch Bewegung entsteht Spannung und Dynamik im Bild. Machen Sie einmal zu den folgenden Hauptrichtungen von Bewegung im Bild kleine Übungsskizzen in einer selbst gewählten Technik:

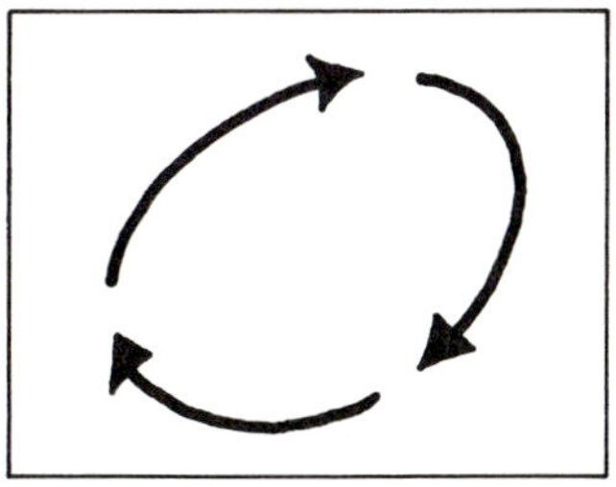

Kreisförmige Bewegung im Bild - Ruhe, Harmonie (vgl. dazu Renaissance-Malerei)

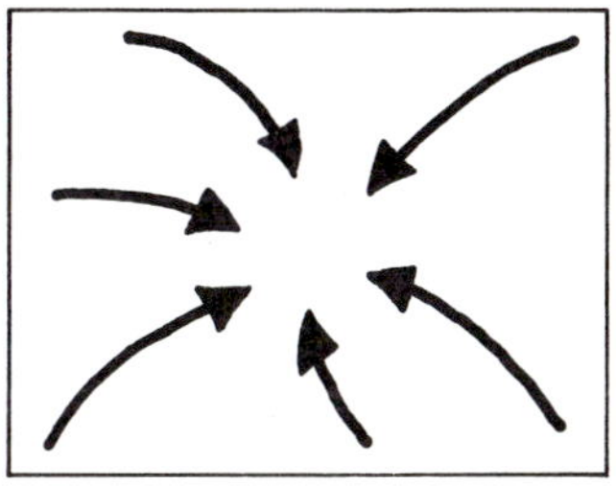

Ins Bildzentrum führende Bewegungslinien

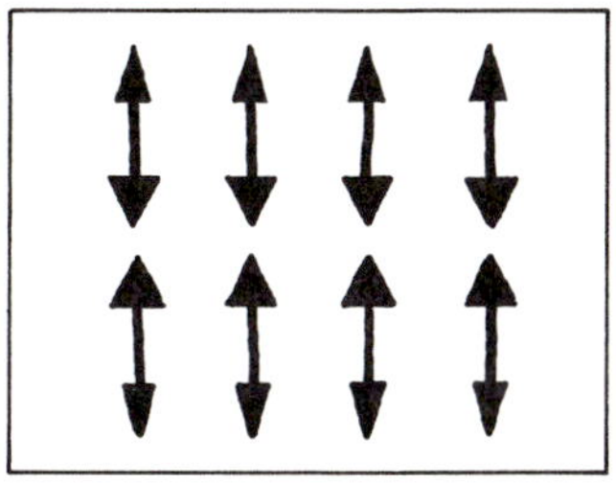

Rhythmische Anordnung von Bildteilen erzeugt Bewegung (vgl. das Bild „Der Zirkus“ von Seurat auf S. 19)

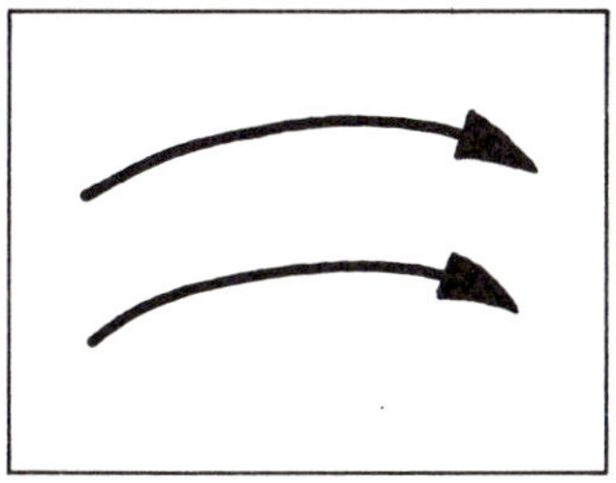

In dieselbe Richtung weisende Formen ergeben Bewegung

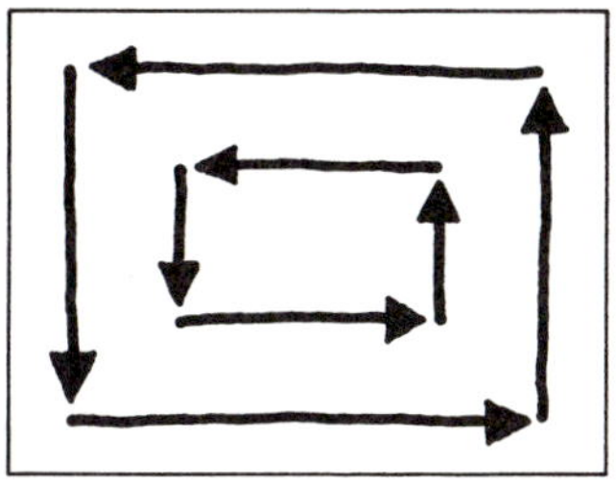

Klare horizontale und vertikale Gliederungen geben Bewegungsrichtungen an

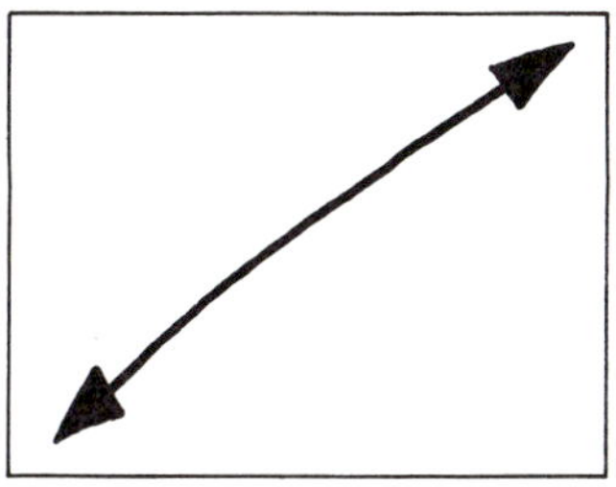

Eine diagonale Bewegungsrichtung erzeugt Spannung

Edgar Degas (1834–1917)
Die grünen Tänzerinnen, 1877–79, Pastell und Gouache, 660 x 360 mm, Sammlung Thyssen-Bornemisza, Lugano.

Machen Sie sich aber auch den Spaß, einmal eine Figur „chronophotographisch“ laufen zu lassen!

Spannung und Beziehung der Farben

Farbe ist eines der wesentlichen Kompositionselemente im Bild. Bisher haben wir über die Farbe nur am Rande gesprochen. Gerade aber beim Problem der Bewegungsdarstellung müssen wir uns mit den Farbgesetzen näher vertraut machen.
Farben im Bild stehen in einer eigentümlichen, fast „magischen“ Spannung zueinander: Sie können sich abstoßen oder anziehen, können ruhig oder dramatisch wirken. Die in der Farbe enthaltenen Kräfte lassen sich in einer kurzen Kontrastlehre am besten zusammenfassen (siehe dazu mein Buch „Abenteuer Farbe“).

1. Farbe-an-sich: Jede Farbe steht in einer Spannung zu einer anderen.
2. Hell-Dunkel: Die Spannung zwischen hellen und dunklen Bildteilen, auch im farbigen Bereich.
3. Warm-Kalt: Die Farben des gelb-roten Bereichs stehen in Spannung zu den Farben des blau-grünen Bereichs.
4. Komplementär: Die im Farbkreis diametral gegenüberliegenden Farbpaare, also Rot-Grün, Blau-Orange, Gelb-Violett.
5. Quantität: Eine kleine Farbmenge steht zu einer größeren in einem Kontrastverhältnis.
6. Qualität: Reine, ungebrochene Farben heben sich von getrübten, gebrochenen Farben (als mit Schwarz und Weiß gemischt oder mit der Gegenfarbe gebrochen) spannungsvoll ab.

Schauen Sie sich einmal den Itten-Farbkreis (auch in „Abenteuer Farbe“) an und versuchen Sie, die hier erwähnten Kontrastarten im Kreis, aber auch in Ihren oder anderen Bildern wiederzuerkennen.
Das Bild von Kandinsky zeigt ein spannungsvolles Miteinander der Farben. Vor einem bewegten Hintergrund aus verschiedenen Buntfarben (Blau, Grün, Gelb, Rot und deren Mischfarben) stehen zwei Gestalten, die besonders farbig gekennzeichnet sind. Die linke Figur hebt sich nur wenig differenziert von dem dahinter stehenden Haus in gelblich-weißen Tönen ab. Lediglich der Kopf in rötlichen Farbtönen gibt zum grünen Turban einen Komplementärkontrast ab, der in abgewandelter Form auch im Hintergrund rechts auftaucht. Der blaue Schleier bildet einen Übergang zur rechten Figur, die wesentlich farbintensiver gestaltet ist. Der Blick wird vor allem von dem komplementären und kalt-warmen Kontrast Blau-Orange in Hemd und Umhang gefesselt. Ein violetter Fleck im Blau steht wiederum zu den gelben Farbtönen in Turban und Untergewand in komplementärer Spannung. Der grün-blau gefärbte Kopf bezieht sich auf eine rote Form links daneben, die aber gleichzeitig zu den grün-blauen Hintergrundformen in komplementärer Beziehung steht. Neben dieser komplementären Farblogik verwendet Kandinsky noch den Warm-Kalt-Kontrast (blau-grüne Farbtöne gegen gelbrote) sowie in abgemilderter Form den Hell-Dunkel-Kontrast, vor allem durch die Eigenhelligkeit der Farben (Blau ist dunkler als Gelb). Im Grunde hat der Maler nur eine begrenzte Farbenpalette genommen, diese wenigen Farben aber durch Ausmischen stark differenziert und dadurch ein lebendiges Farbenspiel gestaltet, das noch durch den diagonalen Pinselstrich dynamisch unterstrichen wird. Die sorgsam im Bild verteilten Grundfarben verklammern die Komposition zu einer festen Einheit. Achten Sie besonders auf die Plazierung der gelben Farbtöne, die im ganzen Bild eine wichtige Rolle zur Vereinheitlichung der Komposition spielen.
Machen Sie zur Übung Bildstudien in starken Farbkontrasten! Bei realistischen Studien suchen Sie zunächst die Bildelemente heraus, die später zusammengehören sollen, und stellen diese in einem verwandten (aber nicht identischen) Farbton dar. Einen Bildzusammenhang können Sie nur dann erzielen, wenn Sie nicht zu viele Farben verwenden und die wichtigen Grundfarben in ebenso wichtigen Bildstellen wiederholen. Bei abstrakten Bildern sollten Sie zunächst Ihre Farbpalette sehr beschränken, damit die Komposition nicht bunt und dissonant wirkt. Erzeugen Sie Farbharmonien durch Farbpaare gleicher Helligkeit und gleicher Intensität!

Wassily Kandinsky (1866–1944)
Improvisation 6 (Afrikanisches), 1909, Öl auf Leinwand, 107,5 x 95,5 cm,
Städt. Galerie im Lenbachhaus, München.

Sich im Rhythmus der Farben wiegen

Bei Ihrem nächsten Gang durch die Galerien und Ausstellungen sollten Sie einmal genau auf den Rhythmus der Farbe im Bild achten. Nehmen Sie einen Skizzenblock und Pastell- oder Wachskreiden mit. Dann können Sie schnell vor einem interessanten Bild einige Skizzen und Notizen zur Farbe machen. Natürlich können Sie auch das ganze Bild „nachscribbeln", wenn Sie Zeit und Lust dazu haben. Oft genügen aber wenige Striche und Schraffuren, um das Wesentliche anzudeuten und zu Hause zu verwenden. Im Atelier oder zu Hause können Sie dann in Ruhe versuchen, Ihre Skizzen in größere Bilder umzusetzen.
Matisse gilt zu Recht als „Meister der Farbe". Unendlich erfindungsreich war dieser Maler in der Komposition seiner Bilder aus Farbflächen, dekorativen Mustern und farbigen Rhythmen, die das Bild wie ein Gewitter durchziehen. Unser Beispiel zeigt eigentlich ein ganz „normales" Stilleben, einen Morgenrock über einem Liegestuhl, eine Topfpflanze auf einem Tisch, das Ganze in einem Teil des Ateliers aufgebaut. Doch wie ein reißender Strom ergießt sich der Farbenrythmus quer durch das Bild. Und wie schön hat Matisse das strenge geometrische Muster der Holzwand gegen das organische Blumenmuster des Stoffs abzusetzen gewußt. Versuchen Sie einmal einen Ausschnitt dieses Bildes nachzumalen, so wie Sie es in der Nachgestaltung von Katja Deinert sehen.
Auch Nolde war ein großer „Farbennarr", der die Landschaft seiner Heimat am Meer in unwirklich glühende Farbsymphonien umgesetzt hat. Weniger bekannt sind vielleicht seine Bilder zum Alten und Neuen Testament. „Der Tanz um das Goldene Kalb" ist eigentlich ein „Tanz um die Farbe", denn hier dreht sich alles um die virtuos eingesetzte Farbe. Beachten Sie die vielfältigen Farbkontraste und Spannungen, die das Bild bestimmen und seine Wirkung ausmachen: der Hell-Dunkel-Kontrast (Blau-Gelb), der Warm-Kalt-Kontrast (blaue gegen rote Farben), Komplementär- und Simultankontraste (Violett-Gelb, Blau-Orange). Dazu kommt noch der dynamische Pinselstrich, der in seinem Duktus die Farbgebung unterstreicht. Lassen Sie sich wieder von der Nachgestaltung dieses Meisterwerkes zum eigenen Tun anregen.

Katja Deinert, Nachzeichnung zu Matisse.

Katja Deinert, Nachzeichnung zu Nolde.

Henri Matisse (1869–1954)
Stilleben mit Geranien, 1910, Öl, auf Leinwand, 93 x 115 cm,
Staatsgalerie Moderner Kunst, München.

Emil Nolde (1867–1956)
Tanz um das Goldene Kalb, 1910, Öl auf Leinwand, 88 x 105,5 cm,
Staatsgalerie Moderner Kunst, München.

Raumphantasien dreier Grundformen

Bisher haben wir uns nur am Rande mit plastisch wirkenden Formen und der räumlichen Wirkung selbst auseinandergesetzt. So geht es in den folgenden Kapiteln ausschließlich darum.
Nach antiker Überlieferung gibt es drei Grundformen, Würfel, Kugel und Kegel, aus denen sich die geometrische Welt zusammensetzt.
Cézanne behauptete, alles in der Natur würde sich nach „Kugel, Kegel und Zylinder“ ausrichten lassen.
In der Kunstlehre erschienen immer wieder solche Theorien der Grundformen. Nachweisbar sind sie alle nicht. Die Vielfalt unserer Welt läßt sich wohl kaum auf drei „Urformen“ allein zurückführen. Auch in der Kunst wird man vergebens nach der Einhaltung solcher Regeln suchen. Trotzdem wollen wir einmal diese drei „Grundformen“ in ein kleines Abenteuer schicken.

Um sie besser unterscheiden zu können, sind sie außerdem in den drei Grundfarben gehalten: Rot der Würfel, Gelb der Kegel und Blau die Kugel. Und nun geht es ins Land der dritten Dimension. Wir wollen mit den Formen einige Möglichkeiten der Raumwirkung plastischer Körper aufzeigen.
Bald werden Sie erkennen, welche der hier aufgezeigten Möglichkeiten richtig sind, und welche „un-möglich" aussehen. Schließen Sie sich der abenteuerlichen Wanderung an, machen Sie selbst Versuche mit den Grundformen und stellen Sie neue Raumwirkungen zusammen. Achten Sie auf Proportion, Gewicht, Rhythmus und natürlich die räumliche Stellung der Formen.

Alle Zeichnungen von Katja Deinert.

Otto Freundlich, Ascension, 1929 (Modell)

Nilsson/Tio, Küstenlandschaft in Skåne, Stockholm.

Tricks und Tips für Räumliches

Die Darstellung von Körperlichkeit und dem damit verbundenen Raum in der Fläche ist ein sehr altes bildnerisches Problem. Die alten Ägypter vermieden jede Störung der zweidimensionalen Funktion des Bildträgers. Die Maler der Renaissance erreichten eine vollendete Meisterschaft in der Darstellung von Volumen und Körperlichkeit durch die Technik der Kreuzschraffur. Das war auch das Zeitalter, wo man das „offene Fenster" (nach dem italienischen Humanisten, Baumeister, Schriftsteller und Kunsttheoretiker Leon Battista Alberti, 1404–1472) auf die sichtbare Welt entdeckte. Mit Feuereifer stürzten sich die Künstler auf die Probleme der Darstellung des illusionistischen Tiefenraums und der darin befindlichen Dinge. Immer kompliziertere perspektivische Konstruktionen erlaubten schließlich einen mit mathematischer Präzision konstruierten Bildraum, in dem eine beliebige Handlung wie auf einer Theaterbühne aufgeführt werden konnte.
Fra Filippo Lippi malte das Verkündigungsbild (rechte Seite) zu einer Zeit, in der gerade die Regeln der Zentralperspektive entdeckt wurden (Albertis Traktat „Über die Malerei", 1435). Der Maler hat sich sehr bemüht, sein ganzes Wissen um diese Regeln zu zeigen. Auf der vorderen Bildebene spielt sich die Handlung ab. Hinter der Balustrade öffnet sich dann ein weiter Raum. Dahinter liegt ein Tor, das zusammen mit der Mauer den Garten und damit auch den Bildhintergrund abschließt, gleichzeitig aber eine Weiterführung des Blicks in die Himmelszone suggeriert. Geschickt hat Lippi die Architekturelemente des Bildes benutzt, um den Bildraum zu staffeln und „betretbar" zu machen. Skizzieren Sie mit Bleistift die perspektivische Raumanlage des Bildes nach! Höhepunkt solcher Raumphantasien war sicher die Deckenmalerei des Barock, kühn gemalte, bizarre Fluchten in eine „höhere" Welt. (siehe zur Perspektive weiter auf Seite 58–59) Ich möchte Ihnen an dieser Stelle nun einige einfache Tricks räumlicher Darstellung verraten: Texturen und Helligkeitswerte verändern sich, je weiter die Szene zurückgesetzt erscheint, also:

1. Helligkeitskontraste sind vorne stärker als hinten.
2. Texturen (Strichlagen zur Darstellung von Stofflichkeit) nehmen nach hinten zu und werden weniger deutlich gekennzeichnet. Bei Gemälden wird dieses Phänomen Luftperspektive genannt. Die Farbperspektive haben wir ja schon angesprochen.
3. Vorderes verdeckt Hinteres (Überschneidung).
4. Was vorne stehen soll, wird auf der Bildfläche groß nach unten gesetzt, was hinten erscheinen soll, wird dementsprechend kleiner nach oben gesetzt.

Fra Filippo Lippi (1406–1469)
Verkündigung Mariae, um 1450, Öl auf Holz,
Alte Pinakothek, München.

Wie sehr Hell-Dunkel-Kontraste einen Gegenstand akzentuieren und modellieren können, wird wohl nirgends deutlicher als in der Plastik.
Betrachten Sie das Modell von Otto Freundlich einmal unter den Gesichtspunkten von Licht und Schatten, und zeichnen Sie mit Bleistift diese Wirkungen des Lichts nach. Um etwas besonders plastisch herauszumodellieren, ist eine starke Hell-Dunkel-Wirkung unerläßlich, was bildnerisch heißt: Formvolumen werden durch Schattenlagen plastisch gestaltet. Diese Schatten können Sie in Schraffurtechnik anlegen oder auch in flächigen Lavierungen. Verwendete Farben des Gegenstandes müssen dementsprechend mit Schwarz (oder einer Gegenfarbe) abgedunkelt werden. Vielleicht setzen Sie die Plastik von Freundlich in ein farbiges Bild um. Ein besonders gutes Übungsbeispiel ist auch die schwedische Küstenlandschaft mit ihren dicken Felsbrocken im Sand, die auf dem Foto durch die starke Verschattung äußerst plastisch wirken. Außerdem zeigt das Foto die Texturperspektive noch einmal sehr schön; das optische Muster der Steinbrocken wird nach hinten hin immer kleiner und feiner. Die von Wind und Wellen gefurchten Linien im Sand verstärken die Richtungshinweise in die Tiefe. Ganz weit oben schließt ein schmaler Horizontstreifen diesen Fotoexkurs zu Volumen und Tiefe ab. Zeichnen Sie diese Fotovorlage mit Bleistift, Tusche, Stiften in mehreren Studien nach. Setzen Sie dann Ihre Studien farbig um, bis Sie das Gefühl haben, alle Elemente dieser Übung erfaßt zu haben.

Landschaft: Eine Übung zur räumlichen Darstellung

Für diese Landschaftsübung diente ein Foto mit einer reizvollen Berglandschaft als Vorlage. Zunächst wurde in verschiedenen Bleistiftskizzen das Raumgefüge der Landschaft erprobt. Figürliche Elemente wurden eingesetzt und wieder herausgenommen. Details, die für das spätere Bild wichtig sind, wurden einzeln skizziert. In der Farbstudie (mit Temperafarben) wurden dann die farbigen Wirkungen untersucht. Soll eine starke Farbperspektive neben der Linearperspektive auftreten? Welche Farbkontraste sollen den Blick auf die wichtigen Stellen lenken? Wie sollen sich die Bildgründe farbig voneinander abheben bzw. verbinden? Welche Farben werden für die vielen Gelbgrüntöne in der Vorlage gebraucht?
Alle diese Fragen muß sich der Maler nicht nur rein theoretisch stellen, sondern auch in vielen kleinen Skizzen und Studien ausprobieren. Das Bild auf der rechten Seite unten hat eine deutliche Abgrenzung der Bildzonen: Im Vordergrund erscheinen helle Farbtöne, im Mittelgrund mittlere Tonwerte und Farbtöne, und der Hintergrund erhält die hellsten farbigen und tonalen Werte, ganz nach den Regeln der Farbperspektive.
Im fertigen, in Acryltechnik gemalten Bild sehen Sie auch, wie stark die Vorlage in die eigene Bildvorstellung umgewandelt wurde. Vorder- und Mittelgrund bilden eine stärkere farbige Einheit als auf der Vorlage. Dazu wurden auch die dunklen, die farbige Einheit störenden Schatten weggelassen. Trotzdem erkennt man deutlich die unterschiedlichen Bildgründe in der nach hinten abnehmenden Intensität der Farbtöne. Sehr schön sind die vielen Grüntöne aus den wenigen Ausgangsfarben ausgemischt worden. Der Vordergrund ist betont worden, indem Hütte und Tiere vergrößert und mehr nach vorne gezogen wurden.
Im Bildhintergrund bildet der farbig fein differenzierte Gebirgszug einen kräftigen Kontrast und gelungenen Abschluß dieser räumlichen Landschaftskomposition.
Nehmen Sie selbst Fotovorlagen zur Hand und spielen Sie eine solche Landschaftsübung in den Techniken Ihrer Wahl durch!

Die Übungen aus meiner Malschule zeigen eine Vorzeichnung, eine Farbstudie und eine farbige Nachgestaltung.

Caspar David Friedrich (1774–1840)
Der einsame Baum, 1822, Öl auf Leinwand, 55 x 71 cm, Nationalgalerie, Berlin.

Landschaft zwischen Fläche und Raum

Auf der vorhergehenden Seite haben Sie gesehen, wie eine Landschaftsstudie nach einem Foto durchgespielt wurde. Man kann solche Vorlagen in Kalendern und Zeitschriften finden, aber natürlich auch in dem Vorrat eigener Urlaubsfotos.
Eines ist dabei aber ganz wichtig: Kopieren Sie das Foto nicht peinlich genau, sondern setzen Sie es frei um. Denken Sie daran, was Komposition heißt: Die verschiedenen Bildteile stellen Sie so zusammen, daß ein gutes, wirkungsvolles Bild entsteht. Dazu gehört auch, daß Sie Dinge weglassen oder neue erfinden.
Beim Komponieren einer räumlich wirkenden Landschaft müssen Sie aber nicht nur auf die Stellung und Gewichtung der Bildteile achten, sondern auch auf eine Blickführung, die in die Tiefe des Bildes führt. Eine Landschaft will vom Auge erwandert werden. Klee sagt dazu: „Dem Auge sind gleich einem weidenden Tiere Wege im Bild eingerichtet.“ Solche Wege können aus bestimmten markanten Punkten bestehen, die das Auge fesseln und weiterleiten, z. B. eine Reihe von Bäumen und Sträuchern, ein sich in die Ferne schlängelnder Bach oder Weg, sich verjüngende Felder und Wiesen, die in einer Gebirgskette am Horizont ihren Abschluß finden. Das Bild von Caspar David Friedrich, „Der einsame Baum“, zeigt eine sehr bemerkenswerte Komposition. Der große Baum steht im Bildmittelpunkt und teilt das Bild in zwei gleichwertige Hälften. Von wunderbarer Feinheit ist hier die Luftperspektive, das langsame Verblassen und Verblauen der Bildteile im Hintergrund, hier das weit zurückliegende Gebirge.
Eine andere Möglichkeit der Tiefendarstellung zeigt die Zeichnung von Vincent van Gogh. Diese Landschaftszeichnung ist aus vielen Schraffuren, Linien und Punkten zusammengesetzt, die eine dichte, nach hinten zunehmende Textur erzeugen. Durch die ständig wechselnden Richtungen der Felder, die unterschiedlichen Texturen und Strichlagen wird der Blick des Betrachters geführt und schweift in die Tiefe. Ein weiterer Schritt zur Abstraktion ist die Gliederung der Fläche in horizontale und vertikale Strichlagen, die sich insgesamt nach hinten verdichten. Versuchen Sie einmal selbst, so erfinderisch mit Tusche und Feder umzugehen. Zeichnen Sie an einem Ausschnitt der Landschaft von van Gogh die Textur nach. Sie können aber auch anhand einer eigenen Fotovorlage ein Bild in Textur umsetzen.

Vincent van Gogh (1853–1890)
La Crau, gesehen von Montmajour, 1888, Feder, Rohrfeder, schwarze Kreide, 48 x 60 cm, Nationalmuseum Vincent van Gogh, Amsterdam.

Montage nach van Gogh und Klee von Katja Deinert und Ekkehard Drechsel.

La Crau
Vue prise à Montmajour

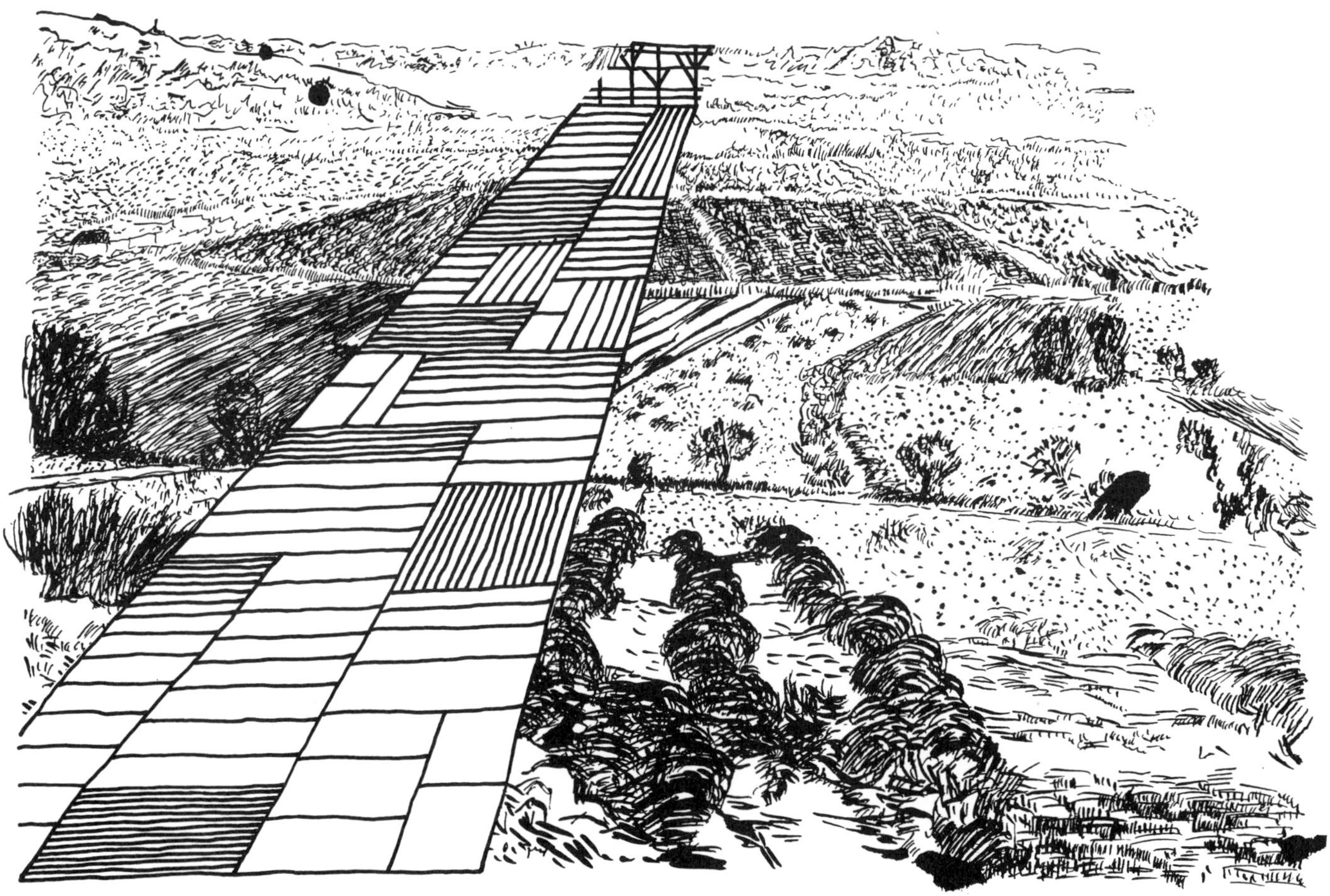

Hajo Düchting, Textur, Montage.

Auch Texturen schaffen Raum

Wir haben den Begriff „Textur“ schon auf der vorherigen Seite gebraucht. Damit bezeichnen wir die Stofflichkeit der Dinge oder benutzen sie, um mit verschiedenen Mitteln Kontrastwirkungen im Bild herzustellen.
Solche Texturstudien dienen dazu, die Wahrnehmung zu sensibilisieren. Aus den alltäglichen Dingen Ihres Haushalts können Sie leicht eine Montage herstellen, die unterschiedliche Texturen aufweist. Nehmen Sie Reste von Kartons, Wellpappe, anderem Verpackungsmaterial, Holzstücke, Linolreste, Stoffreste aller Art, Glasstücke, Drahtnetze, Schnüre und Kordeln und kleben Sie diese Dinge auf eine feste Unterlage (Karton). Diese Montage ist aber nicht nur zum Anschauen und Betasten gedacht, sondern soll als Motiv dienen. Versuchen Sie die verschiedenen Texturen (glatt - rauh, leicht - schwer) und Stofflichkeit (Glas, Metall, Holz, Karton usw.) mit einem Bleistift oder Zeichenkohle nachzuempfinden. Lernen Sie die Kontrastwirkungen verschiedener Materialien kennen, bis Sie solche Texturen auswendig zeichnen können. In einem nächsten Schritt können Sie die Texturen malerisch interpretieren, wie unser Beispiel oben rechts zeigt. Versuchen Sie nun ohne Rücksicht auf Natur-Imitation die Kontrastwirkung der Texturen in malerische Formen und Farben umzusetzen. Eine solche Übung steigert die Wahrnehmungssensibilität und schafft ein Repertoire zur freien, nicht imitierten Umsetzung von Naturmotiven.
Darüber hinaus lassen sich aber mit solchen Texturen auch räumliche Situationen darstellen, wie unser Beispiel von van Gogh gezeigt hat. Probieren Sie einmal anhand einer Collage von gemalten und ausgeschnittenen Texturen räumliche Wirkungen aus. Sie werden feststellen, daß rauhe, reich gegliederte Texturen den Blick nach vorne ziehen, glatte und weniger detaillierte dagegen nach hinten lenken.

Irmgard Mirbauer, Texturumsetzung in Malerei.

Hajo Düchting, Texturumsetzung aus Bildresten in Collage.

Jan Bruegel, d. Ä. (1568–1625)
Überschwemmte Landstraße, 1614, Öl auf Kupfer, 23,6 x 30 cm,
Alte Pinakothek, München.

Große und kleine Landschaften

Allein durch Bildvergleiche kann man seine Wahrnehmung und seinen stilistischen Geschmack schulen. Hier und auf den nächsten Seiten gebe ich Ihnen einige Hinweise, die die wesentlichen Kompositionsmerkmale des Landschaftsbildes erläutern helfen. Im Mittelpunkt der „Überschwemmten Landstraße“ von Jan Bruegel steht die Windmühle auf dem Hügel, an der ein Zug mit Pferdegespannen vorbeizieht. Obwohl die Mühle das Bildzentrum bildet, ist sie leicht aus der Bildmitte herausgestellt, um die Spannung zwischen den Bildteilen zu erhöhen. Der Blick geht von links ins Bild hinein und wird durch den Weg zum Hügel mit der Mühle weitergeleitet. Der große Baum rechts bildet einen gelungenen Bildabschluß, der ebenfalls noch einmal zum Zentrum verweist.
Viel dramatischer wirkt die Landschaft von Ruisdael (rechte Seite oben). Ein steil ansteigender, hell beleuchteter Sandweg führt zu einem Hügel hinauf, auf dem zwei Figuren, vermutlich Bauern, einem davonfahrenden Heuwagen nachblicken. Ein windzerzauster Baum beugt sich unter einer unsichtbaren Last und unterstreicht den Inhalt des Bildes: Die dramatisch dargestellte Natur steht im Vordergrund. In der kargen Landschaft spielen die Menschen eine untergeordnete Rolle. Man kann sich sehr gut vorstellen, welchen mühseligen Weg die abgebildeten Personen mit dem Wagen zurückgelegt haben.
Eine anmutig wirkende Landschaft dagegen inszenierte Dillis in der „Ansicht vom Tegernsee“ (rechte Seite unten). Der Blick fällt zuerst auf den blauen See mit den dahinterliegenden Bergen, die in tadelloser Luftperspektive wiedergegeben sind und dann auf den Vordergrund mit dem aufragenden Baum und der Figurengruppe.
Der starke, schon dramatisch wirkende Hell-Dunkel-Kontrast, der auch bei Ruisdael zu beobachten ist, wird hier durch viele zarte Farbabstufungen zurückgenommen, die zwischen dem Hell-Dunkel liegen.
Untersuchen Sie die Abbildungen von Bruegel und Ruisdael auf mögliche harmonische Bildaufteilungen hin, wie den Goldenen Schnitt!

Jacob von Ruisdael (1628/29–1682)
Sandhügel mit Bäumen, 1647, Öl auf Leinwand, 69,7 x 91,7 cm,
Alte Pinakothek, München.

Georg von Dillis (1759–1841)
Ansicht des Tegernsees, 1825, Öl auf Kupfer, 40 x 53 cm,
Neue Pinakothek, München.

Ernst Ludwig Kirchner (1880–1938)
Winterlandschaft im Mondlicht,
1919, Öl auf Leinwand, 120,7 x 120,7 cm,
Detroit Institute of Arts, Detroit.

Claude Monet (1840–1926)
Felder im Frühling, 1887, Öl auf Leinwand, 74,3 x 93 cm,
Staatsgalerie, Stuttgart.

Paul Cézanne (1839–1906)
Mont Sainte Victoire, von Bellevue aus gesehen, 1882–85,
Öl auf Leinwand, 65,5 x 81 cm,
Metropolitan Museum of Art, New York.

Welch ein herrliches Sommerbild! Monets Vorliebe für Licht und Farben auf den Gegenständen machten ihn zu einem unermüdlichen Beobachter feinster Lichtreflexe. Hier ist die Dingwelt in Geflimmer farbiger Punkte und Striche aufgelöst, die alle Nuancen farbiger Lichtreflexe wiedergeben. Sehr harmonisch wirkt die Aufteilung der Bildfläche in vertikale Felder durch die Bäume in verschiedenen Größen und Formen. Im Bildzentrum steht die weißgekleidete Frau, in deren Gewand sich alle hellen Reflexe im Weiß treffen.
Cézanne wollte aus dem Impressionismus etwas „Festes und Dauerhaftes" machen, wie die Berglandschaft (linke Seite unten) eindrucksvoll zeigt. Anstatt die Bildfläche mit einem Netz farbiger Striche zu überziehen, malt Cézanne alle Formen in deutlicher Abgrenzung und eindeutigen Farbwerten. Die Verbindung entsteht durch Verknüpfung der wichtigen Farben im Bild. Die im Mittelpunkt stehende Pinie teilt das Bild in harmonische, austarierte Flächen. Ein kleiner Weg schlängelt sich von links aus dem Bild heraus. Merken Sie, wie trotzdem der Sainte Victoire zum „Held" des Bildes geworden ist?
Zum Schluß ein noch moderner wirkendes expressives Bild von Kirchner. Zuerst spricht hier natürlich die Farbe an, die in heftigen Komplementärkontrasten das Auge fasziniert. Sehr dramatisch wirkt aber auch die Komposition, die von links nach rechts oben aufsteigt und das Auge quasi in die „Luft" entführt. Mit elegantem Schwung hat Kirchner diese Augenbewegung durch einen steil ansteigenden Weg im Schnee betont.

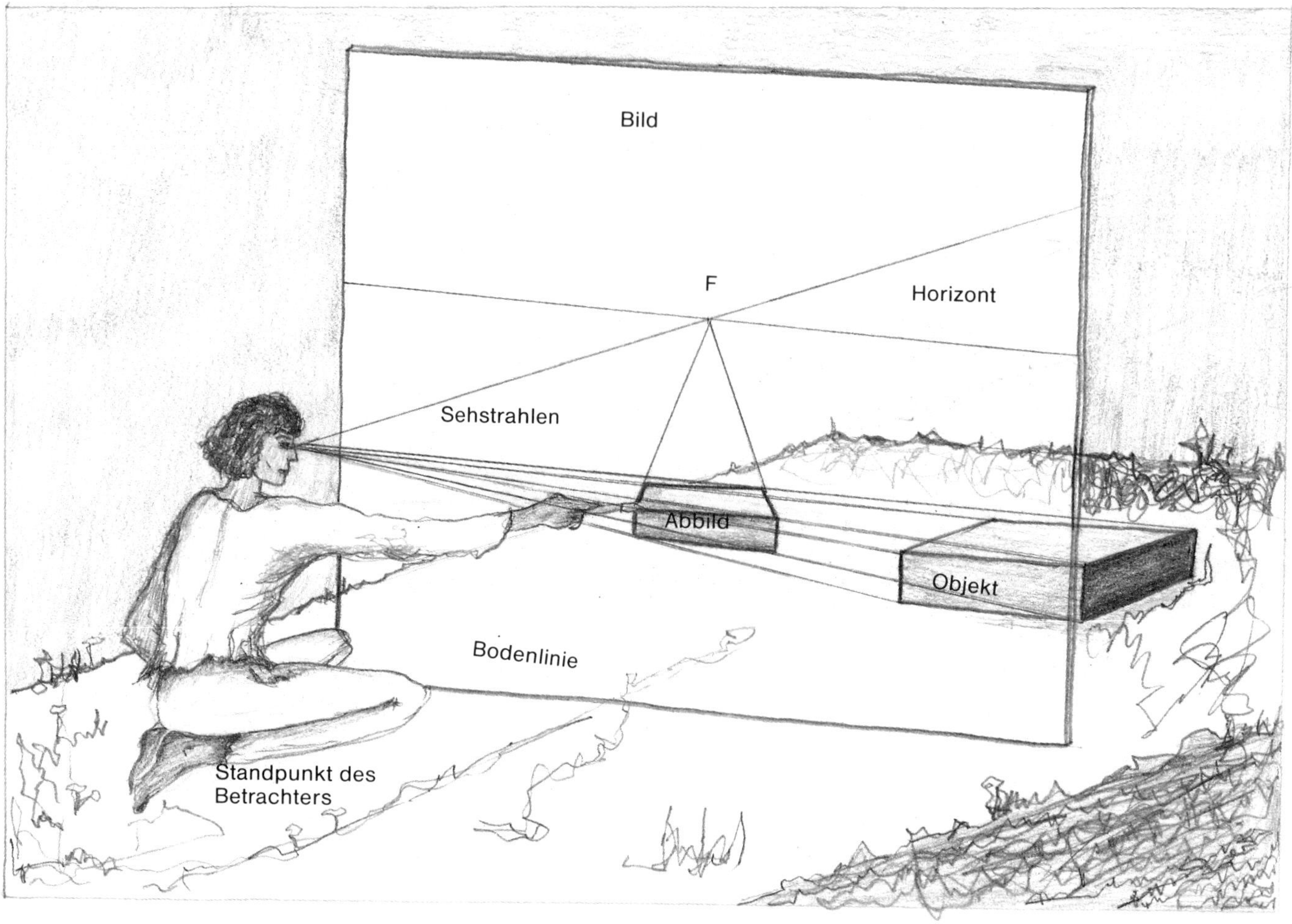

Kleine Fluchten: Die Perspektive

Es gibt zwar schon in der Antike Ansätze zu einer perspektivischen Darstellung, so zum Beispiel in der pompejanischen Wandmalerei, doch gilt der Architekt und Baumeister Brunelleschi, der die Florentiner Domkuppel konstruierte (1418–1432), als eigentlicher Erfinder der Zentralperspektive. In die bildende Kunst gelangte die perspektivische Konstruktion durch den Kunstschriftsteller Alberti, der das Bild als „ebenen Durchschnitt durch die Sehpyramide" definierte. Die wißbegierigen Künstler der Renaissance machten ausgiebig Gebrauch von der neuen Erfindung zur Raumdarstellung. Ein Fenster zur Welt hatte sich geöffnet. In der Entwicklung der modernen Kunst wurde die Perspektive wieder durch flächige Darstellungsweisen zurückgedrängt. Der Kubismus betrachtete die Bildfläche als unzerstörbare Einheit. Räumliche Werte werden seitdem mehr und mehr durch andere Bildzeichen vermittelt, etwa durch Hell-Dunkel, Farbperspektive, Texturen, Verschränkung, Überschneidung und Transparenz. Ziel der perspektivischen Konstruktion ist es, eine dreidimensionale Szene in einer zweidimensionalen Bildfläche räumlich werden zu lassen. Anhand der kleinen Zeichnung oben wollen wir diese Konstruktion erläutern:
Stellen Sie sich vor, Sie würden ein feststehendes Objekt durch eine rechteckige Glasscheibe betrachten, die der Bildebene des Malers entsprechen soll. Im (fixierten) Auge bündeln sich die zum Gegenstand verlaufenden Sehstrahlen. Deren Schnittpunkt auf der Projektionsebene (Glasscheibe) geben den im Bild darzustellenden Gegenstand wieder. Waagrecht zur Standfläche des Betrachters verläuft in Augenhöhe die Horizontlinie. Auf ihr treffen die Fluchtlinien im Fluchtpunkt zusammen. Der Fluchtpunkt liegt direkt dem Auge des Betrachters gegenüber. In diesem Fluchtpunkt, dem Zentrum der Perspektive, laufen alle Geraden zusammen, die in Wirklichkeit vom Gegenstand aus parallel in die Raumtiefe verlaufen.
Auch am Beispiel der Zeichenmaschine von Dürer erkennen wir noch einmal genau die Grundprinzipien der Perspektive: Der Sehstrahl ist hier als Faden dargestellt, der von der Laute ausgeht und je einen Bildpunkt auf der dazwischengeschalteten Bildebene (mattiertes Papier) hinterläßt. Aus den dicht gesetzten Bild- bzw. Blickpunkten ergibt sich schließlich das Abbild der Laute in perspektivischer Verkürzung. Das punktierte Bild ist hier um 90 Grad aus dem Rahmen gedreht.
Mit solchen Zeichenhilfen z. B. auch einem Fadengitter, wollte Dürer die Perspektive erkunden und für den Künstler praktikabel machen.

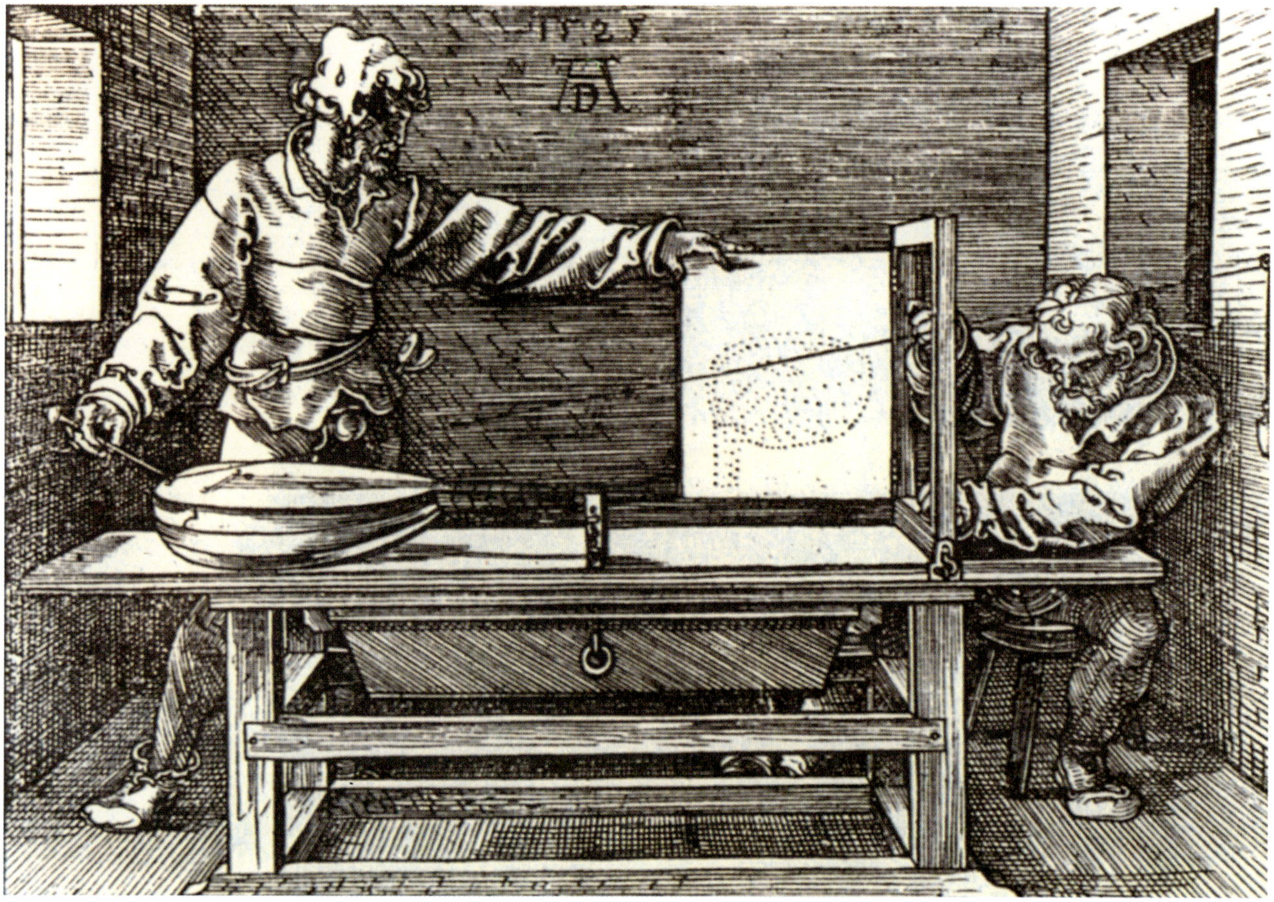

Albrecht Dürer (1771–1528)
Zeichenmaschine, 1525, Holzschnitt.

Eine einfache perspektivische Darstellung muß folgende Punkte berücksichtigen:

1. Parallele Körperkanten werden parallel dargestellt.
2. Die Linien in der Tiefe werden um die Hälfte verkürzt.
3. Die in die Tiefe laufenden Körperkanten bilden zur waagerechten Horizontlinie einen Winkel von 45 Grad.

Es gibt noch viele andere Möglichkeiten perspektivischer Konstruktion, die aber weitaus komplizierter sind.
Unten rechts sehen Sie die Konstruktion einer Zentralperspektive. Solche komplizierten und genauen Zeichnungen werden wir aber in der künstlerischen Praxis kaum brauchen. Schauen Sie sich in diesem Buch auch einmal die anderen Möglichkeiten der Raumdarstellung an. Wenn Sie sich ausführlicher mit dem Problem der Perspektivekonstruktion beschäftigen wollen, können Sie in dem Buch „Räumliches Zeichnen“ von Henk Rotgans, das in der gleichen Reihe erschienen ist, genügend Übungsbeispiele finden.
Mir kommt es in diesem Buch mehr darauf an, Ihnen ein Gefühl für räumliche Wirkung zu vermitteln.
Erst wenn Sie hier in Ihrem Urteil sicher sind, sollten Sie sich mit der genauen perspektivischen Konstruktion auseinandersetzen.

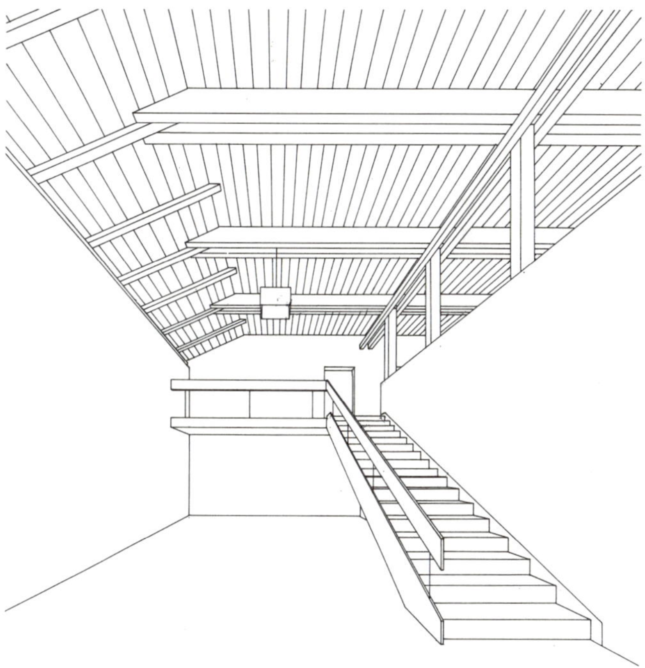

TREPPE IN EINER WOHNHALLE
(ZENTRALPERSPEKTIVE)

ALBERT PIANTONI

Giorgio de Chirico (1884–1978)
Die schweigende Statue (Ariadne), 1913, Öl auf Leinwand, 99,5 x 125,5 cm,
Kunstsammlung Nordrhein-Westfalen, Düsseldorf.

Perspektive modern und virtuos

Die streng geometrische Konstruktion von Perspektiven findet in der zeitgenössischen Kunst kaum noch Verwendung. Es gibt viele andere Möglichkeiten der Raumsuggestion, ohne daß man zu Lineal und Reißschiene greifen muß, wie der Architekt oder der Designer.
Ich möchte Ihnen aber hier einige Künstler vorstellen, die mit der Perspektive virtuos gespielt haben. Dazu gehört vor allem Paul Klee, der am Bauhaus einige „Gespenster-Perspektiven" gemalt hat. Dazu gehören auch die surrealistischen Maler, die ein Traumbild möglichst genau und überzeugend gestalten wollten. Dalis Landschaften sind sicher Höhepunkte der „trompe l'oeil" (augentäuschende) -Malerei mit oft ganz genauen Perspektiven, die aber in Wirklichkeit nicht nachzuvollziehen wären.
In de Chiricos Bilderwelt herrscht eine „Friedhofsruhe". Alles ist zu bizarren Szenen erstarrt und wartet scheinbar auf den erlösenden Zauberspruch, um zum Leben zu erwachen. Die Statue in unserem Bild, die Sagengestalt Ariadne, ist durch wenige Schraffuren und Hell-Dunkel-Werte plastisch gekennzeichnet. Durch ihre Stellung in der vorderen Bildebene erhält sie im Gegensatz zu den tief fluchtenden überzogenen perspektivischen Linien der Gebäude, die auf den roten Turm (Fluchtpunkt) zulaufen, eine mehr flächige Bildwirkung, die im Kontrast zur übrigen Szenerie steht.

Einer der virtuosesten Meister der Perspektive ist zweifellos Maurits Cornelius Escher mit seinen phantastischen Vexierbildern. Versuchen Sie einmal bei der Abbildung „Oben und Unten", (rechte Seite) Ihren Blick über die Treppen in die Gebäude wandern zu lassen. Das Auge verliert sich bald in diesen „unmöglichen" Bildwelten, verstrickt sich in unauflösbare Widersprüche, die dem gesunden Menschenverstand zu spotten scheinen. Links neben dem Bild sehen Sie einige der optischen Tricks, die Escher in seinen Bildern verwendet hat. Auch die Op-Art hat solche Tricks übernommen, um das Auge zu überlisten und Scheinbewegungen und Irritationen auf der Bildfläche auszulösen.

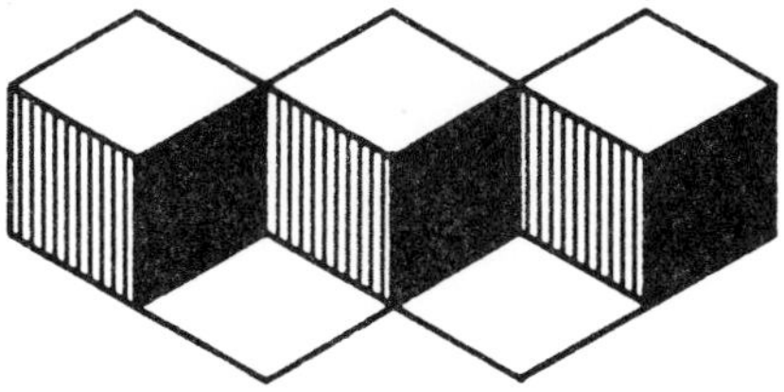

1. „Würfel-Wabe"
Mehrere als Zeilen ohne Zwischenraum untereinandergefügte Rauten, zu lesen als drei Würfel mit Aufsicht oder zwei Würfel mit Untersicht.

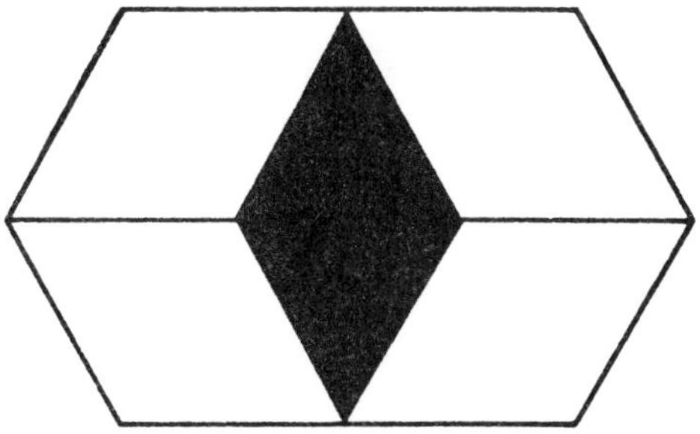

2. Thiéry-Doppelwürfel
Zwei ohne Zwischenraum aneinandergefügte Würfel, jeder aus drei Rauten bestehend, wobei die mittlere (schwarze) gleichzeitig Seitenfläche für beide Würfel ist.
Zu lesen als Würfel mit schwarzer Seitenfläche rechts oder mit schwarzer Seitenfläche links.
Josef Albers (1888–1976) hat solche Figuren in seinen Bildern verwendet.

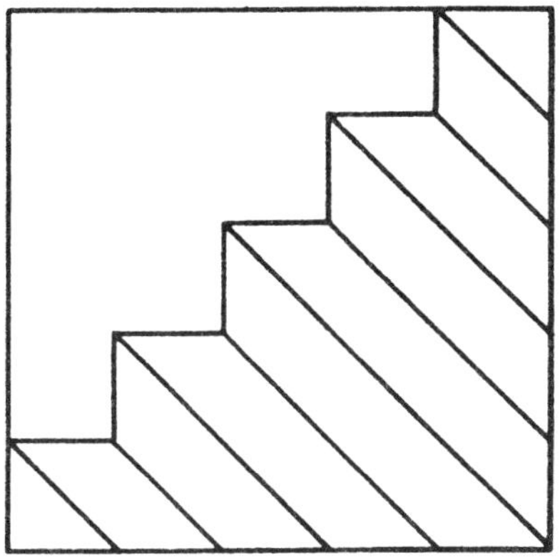

3. Schrödersche Treppe
Geometrisch-optische Täuschung nach Schröder (1859)
Zu lesen als Treppe mit Aufsicht oder als Mauerüberhang mit Untersicht.
Escher hat solche Treppen oft in seinen Bildern verwendet.

Maurits Cornelius Escher (1898–1972)
Oben und Unten, Lithographie, 50,5 x 20,5 cm.

Vincent van Gogh (1853–1890)
Der Sämann, 1888, (nach Millet), Öl auf Jute auf Leinwand, 73,5 x 93 cm,
Sammlung E. G. Bührle, Zürich.

Die Lehre der Japaner

Bereits die Impressionisten verzichteten auf eine genaue linearperspektivische Darstellung des Bildraums. Wichtiger war ihnen, die farbige Erscheinung der Gegenstände im Licht und deren unmittelbare Wiedergabe auf der Leinwand. Trotzdem wollten sie nicht ganz auf räumliche Andeutungen verzichten. Das geschah vor allem mit Hilfe der Farbenperspektive, also der Gegenüberstellung von kalten Farben, die Tiefe erzeugen, und warmen, die nach vorne drängen, sowie mit der Luftperspektive, dem zunehmenden Verblassen und Verblauen der Farben im Hintergrund.
Die damals aufkommenden japanischen Farbholzschnitte, die von Monet, Degas, Renoir und Sisley eifrig gesammelt und studiert wurden, zeigten ihnen eine ganz andere Raumsuggestion. Monet besaß wohl die größte Sammlung von Drucken des Meisters Hiroshige, die er immer wieder für seine Kompositionen zu Rate zog. Van Gogh kopierte sogar ganz genau einen Druck von Hiroshige, „Blühender Pflaumenbaum", um in diese Kompositionsweise einzusteigen. Im japanischen Holzschnitt wird Tiefe durch starke Überschneidungen von Vordergrundmotiven erzeugt, die den Blick wie durch ein Gitter hindurch auf weiter entfernt liegende, viel kleiner dargestellte Dinge schauen läßt. Der „Sämann" von van Gogh ist vielleicht das berühmteste Beispiel für solche Übernahmen japanischer Kompositionsweisen in der europäischen Kunst. Es gibt aber noch viele andere Maler um die Jahrhundertwende, die sich besonders mit der japanischen Kunst beschäftigt haben, um ihren Bildern neue, interessante Aspekte zu geben. Zu ihnen gehören vor allem die Künstler des Jugendstils, auch Seurat, Bonnard, Vuillard und Toulouse-Lautrec.

Vincent van Gogh (1853–1890)
Kopie nach Hiroshige „Blühender Pflaumenbaum", 1888, 73 x 54 cm,
Nationalmuseum Vincent van Gogh, Amsterdam.

Paul Cézanne (1839–1906)
Mont Sainte Victoire, 1902–04, Öl auf Leinwand, 68,9 x 89,5 cm.
Philadelphia Museum of Art, Philadelphia.

Flechtwerk: Der moderne Bildraum

In noch radikalerer Weise als die Impressionisten löste sich Paul Cézanne von der herkömmlichen Perspektive, um den Bildraum gleichsam von innen aus den Farben wachsen zu lassen. An unserem Bild aus der Serie der „Sainte Victoire"-Bilder sehen Sie deutlich Cézannes Malverfahren, das er übrigens „Modulation" (statt Modellierung) nannte.
„Modulation" meint in der Musiksprache die langsame Überführung von einer Tonart in eine andere. Bei Cézanne erhält dieser Begriff neue Bedeutung im Bereich der Malerei und bedeutet die sorgfältige Ausmischung von Farbtonschritten zwischen den hellen, warmen und den dunklen, kalten Farben. Dadurch entstehen vielfältige, differenzierte Farbtöne, die das ganze Bildgefüge in ein lückenloses Geflecht farbiger Beziehungen einbringen. Durch den Verzicht auf die Fluchtpunktperspektive sowie die plastische Modellierung mit Schwarz und Weiß schafft Cézanne ein schillerndes Farbenbild, das dennoch Tiefe und Volumen durch die Farbwahl mitsuggeriert.

Von Cézanne gingen wiederum die kubistischen Maler aus, die zwar noch den Gegenstand malen wollten, aber nicht mehr in der herkömmlichen perspektivischen Ansicht, sondern in vielfältig aufgelöster, mehrteiliger Darstellung. Der Gegenstand, hier ein Stilleben, scheint wie von mehreren Seiten gesehen, zerlegt und wieder zusammengesetzt, und zwar auf einer intakten Bildfläche. Durch Texturen und starke Hell-Dunkel-Wirkungen wird das Auge zwar angehalten, Räumliches wahrzunehmen, aber nirgends in eindeutiger, perspektivischer Konsequenz.
Man könnte diesen Bildraum mit einem Flechtwerk vergleichen so wie es Katja Deinert mit ihrer Zeichnung von geflochtenem Material dargestellt hat: Hintere Bildteile werden nach vorne geklappt oder Teile davon in vorderer Bildebene gezeigt, während mittlere und vordere Elemente durch Verschränkung und Transparenz ebenso in der hintersten Bildebene wirksam werden.
Im modernen Bildraum wirken alle Teile wie in dem bekannten Symbol des Yin und Yang (ebenfalls von Katja Deinert) zusammen, aufeinander bezogen und miteinander verschränkt.

Georges Braque (1882–1963)
Das Atelier, 1938, Öl auf Leinwand, 97 x 130 cm,
Sammlung Rosenberg, New York.

Richard Hamilton (1922, lebt in England)
Just what is it that makes today's homes so different, so appealing?, 1956, Collage, Kunsthalle Tübingen.

Prinzip Collage: Moderne Rauminterpretation

Die wohl folgenreichste Erfindung des 20. Jahrhunderts im Bereich der künstlerischen Mittel war die Collage. Erste künstlerische Klebebilder stammen von Braque und Picasso, die damit ihren immer abstrakter werdenden Kompositionen Hinweise auf die gegenständliche Realität mitgeben wollten. Bald verselbständigte sich aber dieses Spiel mit der Realität zu ganz eigenständigen, phantasievollen Bildern, die nun erst recht den Zusammenhang mit der Alltagswelt aufgaben. Die Collage trat bald ihren Siegeszug durch Europa an und wurde von fast jedem „fortschrittlichen" Künstler auf seine eigene Weise verwendet, ob abstrakt bei Malewitsch und den Konstruktivisten, ob gegenständlich bei den Surrealisten oder verrückt-frech bei den Dadaisten wie beispielsweise bei Kurt Schwitters und seinen Merz-Collagen. Nicht nur Papiere wurden da geklebt, sondern auch Dinge aus dem Abfall, Holz, Metall, Glas, Konfetti und ganze Gegenstände. Der Übergang zum Relief und zur Vollplastik war in diesen Collagen, oder besser Montagen, immer vorhanden, wurde aber erst von einer neuen Künstlergeneration nach 1945 aufgegriffen.

Besonders die Futuristen waren auf diesem Gebiet sehr erfindungsreich. Nebenstehend sehen sie eine sehr schöne komplizierte Collage der russischen Futuristin Zatkova mit dem Thema „Unter Eis und Schnee fließendes Wasser".
Der amerikanische Künstler Robert Rauschenberg setzte sich in den 60er Jahren mit seinen Collagen aus bunt zusammengewürfelten Abfallprodukten durch, die er mit gemalten Teilen kombinierte. Inhaltlich griff er in seinen Arbeiten meistens ein aktuelles tagespolitisches Ereignis auf, das er dann damit künstlerisch dokumentierte.
Die amerikanischen Künstler haben sich vielfältig mit der Technik der Collage auseinandergesetzt, von ganz abstrakten Mustern bis zu gegenständlichen Bildern.
Ein Meisterwerk der englischen Pop-Art ist die Collage von Richard Hamilton mit dem langen Titel: „Just what is it that makes today's homes so different, so appealing?" Hamilton stellte zunächst ein Programm auf – Kommunikation, Massenmedien, Zivilisationssymbole, Menschen als Prestigeobjekte, wie z. B. Sexidol und Bodybuilder – und suchte dann in Zeitschriften die passenden Illustrationen heraus, die ausgeschnitten und zusammengeklebt wurden.

Rougena Zatkova (1885–1923)
Unter Eis und Schnee fließendes Wasser, 1914
Bewegliche Komposition aus verschiedenen Materialien, 49 x 39 cm,
Privatsammlung, Rom.

Bunte Welt der Collage:
Übungen zum modernen Bildraum

Greifen Sie selbst einmal zu Schere und Klebstoff! Nehmen Sie alte Zeitschriften und farbige Illustrierte, schneiden oder reißen Sie interessante Sachen heraus. Sie können dabei mit gegenständlichen Mitteln Aussagen treffen, wie unser Beispiel auf der rechten Seite unten zeigt. Sie können aber auch ganz abstrakt arbeiten und sich nur auf die Farben, Formen und Texturen einlassen. Statt auf gedrucktes Material zurückzugreifen, können Sie auch aus Ihren alten Bildern Collagen machen. Haben Sie keine Scheu, alte (nicht ganz gelungene) Bilder weiterzuverwenden.
Solche Collagen aus bemalten Papieren können Sie dann zum Schluß noch einmal übermalen. So erhalten Sie sehr lebhafte, bunte Bilder, wie dies unser Beispiel oben zeigt. Diese Collage entstand nach einem Bild von van Gogh mit dem Titel „Gestirnte Nacht", wobei auf die Gewichtung der Farben und Formen geachtet werden sollte. Vor allem ist die Collage aber für das Studium der Komposition von großem Vorteil: Sie können Ihre ausgeschnittenen Teile so lange auf der Bildfläche herumbewegen, bis Sie meinen, die richtigen Stellen, die stimmige Komposition gefunden zu haben.
Probieren Sie alle Möglichkeiten der Collage aus!

Alle Collagen stammen aus meiner Malschule am Gasteig.

la Lutte continue

MEHR SYMPATHIE.
Welt
LOVE
Auge

August Macke (1887–1914)
Badende Mädchen, 1913, Öl auf Leinwand, 100,6 x 80,4 cm,
Staatsgalerie Moderner Kunst, München.

„Kunst-Stücke" in Komposition

Auf diesen und den folgenden Seiten möchte ich Ihnen besonders gut gelungene Kompositionen vorstellen, wahre Kunst-Stücke. Den Anfang macht das Bild von August Macke, eine herrliche Badeszene, lichtdurchflutet und von wunderschöner, heller Farbigkeit. Erkennen Sie, wie Macke die Farben einsetzt? Wichtig ist hier auch die Facettierung des Bildraums in viele kleine Teile, die sich in unendlicher Ferne fortzusetzen scheinen, dabei aber auch die Bildfläche sehr gekonnt aufgliedern. Macke erzeugt in diesem Bild einen Tiefensog in den Bildraum hinein. Die rechts sitzende Figur nennt man „Repoussoir" (aus dem franz. repousser = zurückstoßen). Sie bildet eine Identifikationsfigur für den Betrachter und gibt gleichzeitig eine vordere Bildebene an, von der aus der Blick in den Bildraum geführt wird. Solche „Repoussoir"-Figuren können Sie auf vielen Bildern erkennen, von der Renaissance bis in die Moderne hinein. Wichtiger sind aber dann die Farben für die Raumtiefe des Bildes. Aus dunklen, kreisförmig um die Hauptszene angeordneten Farbtönen entwickeln sich zur Bildmitte hin immer leuchtendere und intensivere Farbtöne, die den Blick bis zur Stadt im Hintergrund weiterziehen. Die am Bildrand vorwiegend dunklen und kühlen Farbtöne (Grün-Blau-Reihe) lichten sich zur Bildmitte hin zu warmen, hellen Farben auf (Gelb, Braun, Orange). Die hellsten Stellen befinden sich in den Mädchenkörpern, die dadurch wie lichtdurchflutet erscheinen, ein Nachhall des romantischen Venusmotivs. Auf Linienführung und Perspektive hat Macke hier ganz verzichtet. Das gesamte Bild baut sich aus unterschiedlich großen Farbformen auf, die „alla prima" (in einem Sitz, in einer Malschicht) aufgetragen werden, eine Maltechnik, die Macke von Delaunays „Fensterbildern" abgeleitet hat. Auch von einer Farbperspektive kann man eigentlich nicht sprechen. Allein durch die zunehmende Helligkeit und Intensität der Farben zur Bildmitte hin wird der Bildraum gestaltet.
Auf der rechten Seite sehen Sie ein Meisterwerk von Vuillard, das durch eine virtuose Rauminszenierung und eine schillernde Farbenvielfalt besticht. Geschickt bricht der Künstler den engen Raum durch Spiegelfluchten und Beleuchtungseffekte auf. Das Porträt der Prinzessin verliert sich in der Meisterschaft der Raumbeherrschung.

Edouard Vuillard (1868–1940)
Prinzessin Bibesco, 1912, Öl auf Leinwand, 112 x 81 cm,
Museu de Arte, Sao Paulo, Brasilien.

Herta Ulrich, Komposition ohne Titel, 1989.

Entwicklungsgeschichtlich weisen die Bilder von der Seite zuvor, vor allem das von Macke, den Weg in die Abstraktion.
Mit „abstrakt“ meint man eine Gestaltung, die den Bezug zur sinnlich konkreten Erscheinungsweise der Realität aufgibt, auch wenn diese Ausgangspunkt der Komposition war. Obwohl jedes Kunstwerk an sich das Resultat einer Abstraktion vom Naturvorbild ist, versteht man darunter im engeren Sinne eine Darstellung vollkommen gegenstandsfreier Werte. In einem solchen Kunstwerk besitzen Formen und Farben eine eigene, nicht auf die Imitation von Realität bezogene Eigenwertigkeit sowie eine im Bild selbst begründete Logik.
Das Bild von Herta Ulrich zeigt einen gegenständlichen Entwurf, der frei abstrahiert und stilisiert wurde, so daß noch einige Gegenstände erkennbar bleiben, aber in einen abstrakten Bildzusammenhang eingebracht werden.
Ein ganz freies Spiel der Farben zeigt das Bild von Albert Piantoni rechts, wobei die Farben in verschiedenen Buntwerten und Intensitäten in ein konstruktives Gefüge gesetzt sind. Man nennt diese Kompositionsweise auch konstruktivistisch.
Achten Sie bei Ihrem nächsten Museumsbesuch einmal auf ähnliche Kunst-Stücke, und machen Sie an Ort und Stelle Skizzen zur Komposition dieser Bilder!

Albert Piantoni, Freie Komposition, 1989.

Paul Cézanne (1839–1906)
Stilleben mit Fayencekrug, 1900–05, Öl auf Leinwand, 73 x 100,5 cm,
Sammlung Oskar Reinhart, Winterthur.

Ein meisterhaftes Stilleben

Paul Cézanne ist vielleicht am berühmtesten durch seine Stilleben geworden, virtuos durchkomponierte Kunstwerke, die bereits bei den Zeitgenossen Bewunderung hervorriefen.
Wir wollen an einem seiner bekanntesten Stilleben verschiedene Punkte der Kompositionslehre noch einmal durchnehmen und damit unseren Grundkurs zusammenfassen.
Wenn Sie selbst einmal solche Bildanalysen machen wollen, legen Sie Pauspapier über Ihr Bildmotiv (beispielsweise aus einem Kunstbuch) und zeichnen Sie in mehreren Schritten die wichtigsten Grundlagen dieser Komposition auf. Achten Sie dabei auf vertikale und diagonale Linienführungen. In anderen Skizzen können Sie auf die Farbigkeit eingehen. Nehmen Sie dazu verschiedene Farbmittel und Techniken und achten Sie auf den Zusammenhang mit dem Original. Schließlich können Sie sich vom Vorbild lösen und in freien Entwürfen ein entsprechendes eigenes Bild gestalten.

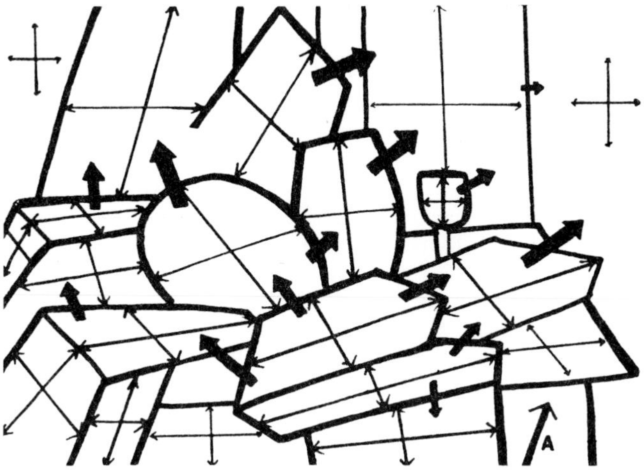

Am Anfang einer Bildanalyse steht die Umrißzeichnung. Hier sind zusätzlich die Grundspannungen in den Formen eingetragen, die den Gegenständen zugrunde liegen. Cézanne wollte alle Gegenstände auf einige wesentliche Grundformen zurückführen: Kugel, Kegel und Zylinder (siehe auch Seite 44–45 Raumphantasien dreier Grundformen).

Nun untersuchen Sie die Hell-Dunkel-Werte und die dadurch erzielte Raumtiefe (siehe auch Seite 46–57 zu Raum und Seite 24–25 zu Hell-Dunkel). Die Pfeile verdeutlichen wieder die Richtungen im Bild, die durch die Stellung der Gegenstände gegeben sind. Cézanne löste sich immer mehr von der traditionellen Fluchtpunktperspektive und wählte dafür eine Farbenperspektive (siehe Seite 64). Aber auch Hell-Dunkel schafft ja Raum und Bewegung. Versuchen Sie auch die Texturen nachzuvollziehen (siehe Seite 52).
Achten Sie darauf, wie Cézanne die Farben in den sogenannten „Modulationen" einsetzt (siehe Seite 64). Das gesamte Bildfeld wird von feinen Farbstrichen wie mit einem Netz überzogen und schafft dadurch Festigkeit und Einheit in der Fläche (siehe Seite 10–17 zur Flächengestaltung und Seite 64 zum modernen Bildraum). Aber nicht nur in der Farbbehandlung war Cézanne ein ungeschlagener Meister.

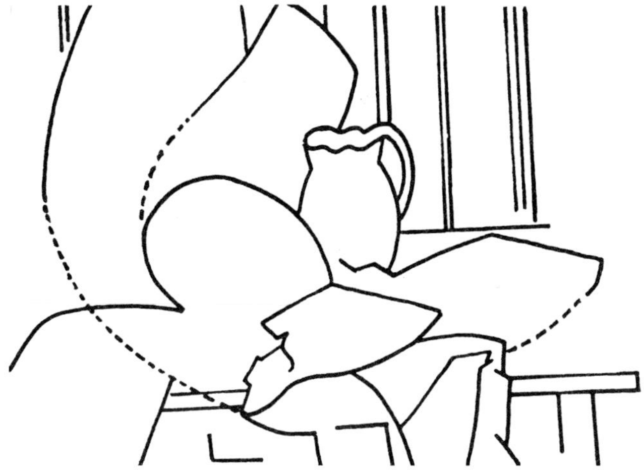

An diesem Diagramm sehen Sie, wie er die Bildfläche in wundervoll harmonischen Linien aufteilt. Dazu verwendet er gerade geometrische Abgrenzungen, aber auch feine, rhythmische Linienschwünge. Sehen Sie sich noch einmal die Kapitel zur Flächenaufteilung an (Seite 20–23). Ob Cézanne seine Bilder nun immer unbedingt nach dem „Goldenen Schnitt" aufteilte, bleibt fraglich. Unbestritten hatte er aber ein besonderes Gefühl für eine harmonische Bildteilung.
Ein solches Meisterwerk ist beileibe nicht mit einigen Skizzen „fertig" analysiert. Vielleicht fallen Ihnen selbst noch einige Dinge auf, die hier nicht angesprochen wurden. Wenn Sie eine vollständige Untersuchung machen wollen, können Sie sich an folgende Reihenfolge halten: Untersuchung der Linien, der Strukturen, der Formen, der Tonabstufungen, der Perspektive, der Bewegung und der Farbe. Unser Stilleben von Cézanne sollte hier in erster Linie nur die wichtigen Grundlagen unseres Kompositionskurses ins Gedächtnis zurückrufen. Blättern Sie daraufhin noch einmal wichtige, Sie interessierende Kapitel durch. Kopieren Sie sich besonders schwierige Seiten und heften Sie sie ans Schwarze Brett, um sich den Inhalt einzuprägen. Und probieren Sie selbst immer wieder alle Übungen in vielen Variationen aus.

Analyseskizzen nach E. Loran, Cécannes Composition, Los Angeles, London, 1963[3].

Paul Cézanne (1839–1906)
Die blaue Vase, 1889/90, Öl auf Leinwand, 61 x 50 cm,
Musée d'Orsay, Paris.

Umrißzeichnung

Bildanalysen nachempfinden

In meiner Malschule lasse ich oft nach Kunstwerken arbeiten. Am Beispiel eines Meisters lassen sich sehr viele Dinge besprechen, Farbe, Technik und Komposition. Cézannes Stilleben sind dafür sehr aufschlußreich. Sie sind nicht nur von einer einnehmenden harmonischen Farbigkeit, sondern zeigen auch meist eine klar gegliederte, feste Komposition.
Im ersten Schritt wird das als Poster vorliegende Meisterwerk besprochen und auf seine Kompositionselemente hin untersucht. Dann folgt eine Vorzeichnung, die das Wesentliche enthalten soll. Nun kann sich jeder Malschüler frei entscheiden, welche Technik, welche Farben er wählen möchte, um das Vorbild nachzuempfinden, entweder frei umzusetzen, einen Ausschnitt zu bearbeiten oder auch das Bild genau nachzuvollziehen.
In den folgenden Beispielen sehen Sie verschiedene Möglichkeiten des Vorgehens, von freier Paraphrase (rechte Seite, oben rechts) bis zu einer ziemlich genauen Studie des Originals (darunter).
Versuchen Sie einmal solche Bildstudien vor einem Meisterwerk, das Sie als Poster, Postkarte oder Dia besitzen. Achten Sie auf Farbe und Form, Texturen, Räumlichkeit, Bewegung, eben auf alles, was eine meisterhafte Komposition ausmacht.

Alle Übungsbeispiele stammen aus meiner Malschule am Gasteig.

Farbstudie

expressive Umsetzung

Umsetzung in Pastell

Nachgestaltung

Robert Delaunay (1885–1941)
Die Stadt Paris, 1912, Öl auf Leinwand, 267 x 406 cm,
Musée national d'Art Moderne, Paris.

Bildzitate: Die drei Grazien von Paris

Zum Schluß möchte ich Ihnen „Die drei Grazien von Paris“ vorstellen, eine besonders ausgeklügelte Komposition von Robert Delaunay.
Kurz bevor Delaunay ganz zur abstrakten Malerei wechselte, malte er dieses riesige Salonbild, das von den Kunstkritikern hoch gelobt wurde. Der Dichter und Kunstkritiker Guillaume Apollinaire schrieb dazu: „Dieses Bild markiert die Wiedergeburt einer künstlerischen Konzeption, die vielleicht seit den großen Malern Italiens verlorengegangen war. (...) Es ist großzügig ausgeführt. Die Komposition ist nobel und einfach.“
Apollinaire sollte zumindest hierin nicht recht behalten. Delaunay wandte sich von den modernen Genrethemen ab und kreierte einen abstrakten Malstil. Und die Komposition dieses Bildes von der Stadt Paris ist alles andere als einfach.
Wenn man sich an die kubistische Facettierung und Verschachtelung gewöhnt hat, fallen drei Bildteile auf: in der Mitte die besagten drei Grazien, die Delaunay kurzerhand von einer damals erhältlichen Postkarte nahm, der Abbildung eines pompejanischen Freskos. Rechts davon sieht man den arg zerzausten Eiffelturm, eines der Lieblingsmotive Delaunays, das er hier in einer frühen Fassung zitiert. Vergleichen Sie damit auch die Zeichnung auf der rechten Seite oben. Neben dem Eifelturm sehen wir noch einige Hausfragmente. Sinnbild für die Stadt Paris, der dieses Bild als eine Hommage dienen soll, sind die drei Grazien.
Ganz links befindet sich ein anderer Bildteil, der wie eine Hafenszene aussieht. Hierfür hat Delaunay Anleihen bei einem zeitgenössischen „naiven“ Maler gemacht, dem Zöllner Henri Rousseau und seinem berühmten „Selbstporträt“.
Sie sehen, auch so läßt sich Komposition verstehen: Aus dem Zusammenstellen ganz unterschiedlicher Bildteile läßt sich ebenfalls ein neues eigenständiges Bild entwerfen.
Versuchen Sie es auch einmal!

Die drei Grazien
(pompejanisches Fresko)
zeitgenössische Postkarte um 1900.

Robert Delaunay
Studie zu „Der Eiffelturm", 1910,
Chinatinte, 628x470 mm,
Musée National d'Art Moderne, Paris.

Robert Delaunay
Die Stadt Paris (Ausschnitt)

Henri Rousseau (1844–1910)
Selbstbildnis mit Palette, 1890,
Öl auf Leinwand, 143x110 cm,
Nationalmuseum, Prag.

Nachwort

Dieses Buch wäre nicht möglich gewesen ohne meine langjährige Praxis als Dozent in der Erwachsenenbildung und an der Universität München. Seit Jahren leite ich im Gasteig verschiedene Malkurse zu den Themen Farbe, Technik und Komposition. Den Teilnehmern dieser Kurse gilt an dieser Stelle mein herzlicher Dank.
Auch den Studenten meiner museumspädagogischen Übungen an der Universität möchte ich für manche Anregung danken, allen voran Katja Deinert. Ein so komplexes Thema, wie es die Komposition nun einmal ist, wäre kaum zu bearbeiten gewesen, ohne die ständige Diskussion mit Freunden und Kollegen. Manches ließe sich noch sagen zu diesem hochinteressanten Thema, manches würde einen größeren Rahmen brauchen, der sich vielleicht eines Tages ergeben wird. Für die bereitwillige Hilfe bei den fotografischen Arbeiten bin ich Matthias Gaidosch sehr verbunden.

Was Sie noch über Komposition lesen können

Rudolf Arnheim: Die Macht der Mitte. Eine Kompositionslehre für die bildenden Künste. Köln, 1982

Rudolf Arnheim: Kunst und Sehen. Eine Psychologie des schöpferischen Auges. Berlin/New York, 1978

György Doczi: Die Kraft der Grenzen. Harmonische Proportionen in Natur, Kunst und Architektur. München, 1987

Erle Loran: Cézanne's Composition. Los Angeles / London 1963

Winfried Nerdinger: Elemente künstlerischer Gestaltung. München, 1986

Gyorgy Kepes: Die Sprache des Sehens. Mainz / Berlin, 1970 (Neue Bauhausbücher, hg. v. Hans M. Wingler)

Johannes Pawlik: Praxis der Farbe. Köln, 1981

Jürgen Weber: Gestalt Bewegung Farbe. Braunschweig, 1978

Thomas Zacharias: Blick der Moderne. Einführung in ihre Kunst. München / Zürich, 1984

Urheberrechte

Alle nicht benannten Schemazeichnungen von Ekkehard Drechsel.

Fotonachweis